Spinn dich stark – Tag für Tag

Für meine orangene Freundin Kristiane:
dieses Buch ist für dich ☺

Katja Michalek

Spinn dich stark, Tag für Tag

Das Übungsbuch für mehr Resilienz

In 9 Monaten zu einem neuen Leben

Bibliografische Information der Deutschen Nationalbibliothek
Die Deutsche Nationalbibliothek verzeichnet diese Publikation
in der Deutschen Nationalbibliografie; detaillierte bibliografische Daten sind im
Internet über http://dnb.d-nb.de abrufbar.

Punktlandung Verlag

ISBN: 978-3-948043-02-5

Inhaltsverzeichnis

Vorwort

Liebe Leserin, lieber Leser,

ich freue mich sehr, dass du dir dieses Buch gekauft hast. Denn es zeigt mir, dass du etwas für DICH tun möchtest. Für deine Gelassenheit, dein Durchhaltevermögen, deinen Erfolg – und deinen Spaß am Leben und an deiner Tätigkeit!

Letztendlich tust du damit auch etwas für dein Umfeld, denn nur wenn es dir gut geht, kannst du auch für andere da sein und diese unterstützen, wenn sie dich brauchen – ganz egal, ob es deine Kinder, dein Partner oder deine Partnerin, deine Eltern oder deine Geschäftspartner oder Kollegen sind. Lass dir also nicht weismachen, du seist egoistisch, wenn du dir in den kommenden Monaten etwas mehr Zeit für dich herausnimmst, als die anderen es sonst gewohnt waren. Denke immer daran: alle profitieren davon! Und, wenn du ganz weit denken möchtest, tust du auch etwas für eine bessere Gesellschaft.

Jeder von uns kann ein Vorbild sein. Wie oft bist du schon inspirierenden Menschen begegnet, von denen du tief beeindruckt warst? Und hat dich das nicht auch inspiriert, es denen ein bisschen nachzutun? Ich bin der festen Überzeugung, dass wir gemeinsam die Welt retten könnten, wenn jeder bei sich anfängt, an sich arbeitet und versucht, ein besserer, aufrechter, integerer, positiver und proaktiver Mensch zu sein. Denn das wird abfärben, und je mehr inspirierende Menschen es auf der Welt gibt, desto mehr werden sich „anstecken" lassen. Und das hat das Potential, die Welt zu verändern (so pathetisch das klingt ;-)). Aber der wichtige Punkt ist: wir müssen bei uns selbst anfangen – wir können niemand anderen ändern. Und dieses Buch soll einen Beitrag dazu leisten, Menschen zu inspirieren. Damit sie gelassener, fröhlicher, klarer durchs Leben gehen.

Lass uns gemeinsam die Welt zu einem besseren Ort machen! Ich freu mich, dass du hier bist – und wünsche dir viel Spaß dabei, dein neues Leben zu gebären. Denn nicht umsonst ist dieses Buch auf 9 Monate ausgelegt: eine Schwangerschaft dauert ebenso lang, und am Ende kommt ein neues Leben dabei heraus (ich weiß, der Vergleich hinkt etwas – eine Schwangerschaft dauert genaugenommen vierzig Wochen, also zehn Monate. Ich hoffe, du verzeihst mir diese Ungenauigkeit ☺). Wenn du die 9 Monate durchhälst und kosequent mit diesem Buch arbeitest, dann wird auch ein neues Leben dabei entstehen: nämlich DEIN neues Leben. Dieses Buch wird dein Leben verändern – wenn du dich darauf einlässt.

Neun Monate können aber eine lange Zeit sein, wenn du sie alleine gehst. Wie wäre es also, wenn du dir einen Sparringpartner suchst? Jemanden, der Lust hat, mit dir diesen Weg zu mehr Gelassenheit und Leichtigkeit zu gehen. Überlege einfach mal, wer das sein könnte – und schenke dieser Person doch auch dieses Buch! Es wird leichter sein (und noch mehr Spaß machen), wenn Ihr Euch gemeinsam aufmacht.

Und noch eine Anmerkung: im Gegensatz zu meinen anderen Büchern habe ich mich für das vertraute „Du" entschieden. Viele der Übungen in diesem Buch werden dein Unterbewusstsein ansprechen – und das reagiert besser auf das „Du" als auf das „Sie".

Und nun... auf geht's – und ganz viel Freude mit diesem Buch!

Herzlichst,
Deine Katja Michalek

Was ist Resilienz?

Dieses Buch ist dafür entwickelt worden, deine Resilienz, deine mentale Widerstandskraft zu stärken. Damit du überhaupt weißt, WAS du stärkst (und warum), erkläre ich hier einmal kurz, was Resilienz ist, aus welchen verschiedenen Faktoren (oder Fäden) sie besteht, und warum sie so wichtig ist.

Wenn du tiefer in das Thema einsteigen möchtest, lege ich dir mein erstes Buch „Nichts ist zu schwer für den, der spinnt – stärke deine Resilienz und werde erfolgreich und glücklich" ans Herz. In diesem erzähle ich beispielsweise auch, wie sich die Resilienz in mein Leben geschlichen hat – nur so viel: eine bewegte Kindheit und Jugend in Kenia, eine schwere Erkrankung der Liebe meines Lebens und mein Schritt in die Selbstständigkeit mit Anfang 40 (und zwei kleinen Jungs) gehören dazu.

Das Innere Spinnennetz

Zur Begriffserklärung: Resilienz kommt von dem lateinischen Wort „resilire", das so viel wie „zurückspringen, abprallen" bedeutet. Stell dir einen Schwamm vor, den du fest zusammendrückst. Sobald du wieder loslässt, wird er wieder in seine Form zurückspringen, richtig? Resilienz ist die Fähigkeit von Gegenständen, nach Drucksituationen wieder in ihre ursprüngliche Form zurückzuspringen.

Übertragen auf uns Menschen ist Resilienz also die Fähigkeit, Krisensituationen, schwierige Lebensphasen, Niederlagen und Zeiten großen Stresses und Drucks heil zu überstehen. Anders ausgedrückt: hinfallen, aufstehen, Krönchen richten, und weiter machen.

Ich erkläre Resilienz gerne mit einem Inneren Spinnennetz. Dieses Spinnennetz besteht aus sieben Fäden, die unterschiedlich stark sind.

Die Fäden hängen allerdings alle zusammen und stützen sich gegenseitig. Wenn ein Faden etwas dünner wird, ist das erst einmal nicht weiter schlimm, da er von den anderen mit getragen wird. Wenn aber mehrere Fäden dünner werden oder gar reißen (was passieren kann, wenn wir über einen längeren Zeitraum immer wieder stressigen Situationen und großem Druck ausgesetzt sind, und gleichzeitig nicht auf uns und unsere Resilienz achtgeben), kann das kritische Folgen haben.

Der 1. Faden: Optimismus

Der erste Faden (wobei die Reihenfolge einerlei ist) ist der Optimismus. Optimismus ist uns allen, denke ich, hinlänglich bekannt, und bezeichnet die Fähigkeit, voll positiver Erwartung in die Zukunft zu schauen. Wohlgemerkt geht es nicht darum, blind darauf zu vertrauen, dass alles gut wird, und dich zurückzulehnen, nein: im Sinne der Resilienz ist das Vertrauen gemeint, dass sich die Dinge zum Guten wenden, wenn ich meinen eigenen Teil beigetragen habe.

Der 2. Faden: Zielorientierung

Zielorientierung ist ein weiterer Faden der Resilienz. Gemeint ist die Fähigkeit, sich Ziele zu setzen und diese auch konsequent zuverfolgen. In diesem Zusammenhang ganz wichtig: dazu gehört die Fähigkeit, die eigenen Ziele von den Wünschen und Anforderungen des Umfelds zu unterscheiden!

Gleichzeitig bedeutet es aber auch, dass resiliente Menschen erkennen, wenn ihr gesetztes Ziel nicht mehr zu ihnen und ihren Lebensumständen passt, und es dann aufgeben. Denn das Leben ändert sich, und die Fähigkeit, dies anzuerkennen und flexibel auf geänderte Umstände oder sich verschiebende eigene Werte zu reagieren, ist wichtig, um mental gesund zu bleiben.

Der 3. Faden: Impulskontrolle

Dir Ziele zu setzen ist eine Sache – aber auch konsequent dranzubleiben, auch wenn es schwierig wird, eine andere. Dieses Durchhaltevermögen, diese Disziplin, diese Fähigkeit, dich nicht von deinem Weg abbringen zu lassen, nennt man Impulskontrolle.

Gleichzeitig ist Impulskontrolle auch das, was wir gemeinhin als „sich zusammenreißen" verstehen: wenn du angeschrien wirst, ist der erste Reflexin normalerweise „Kampf" oder „Flucht". Mit anderen Worten: rein instinktiv würdest du zurückschreien, draufhauen oder davonlaufen. Diesen Impuls zu kontrollieren und dich bewusst für eine Handlung zu entscheiden, nennt man Impulskontrolle.

Der 4. Faden: Emotionssteuerung

Bei der Impulskontrolle entscheidest du dich, wie du im Außen auf ein negatives Erlebnis reagierst. Wie es in dir drin aussieht, steht allerdings auf einem ganz anderen Blatt. In der Regel wirst du dich nicht so entspannt und gelassen fühlen, wie du es nach außen hin vielleicht trainiert hast. Im Gegenteil: vielleicht fühlst du dich sogar wütend, verletzt, gekränkt oder traurig. Diese (und andere) negative Gefühle ins Positive zu wenden, und das bewusst und mit Absicht, nennt man Emotionssteuerung.

Der 5. Faden: Selbstwirksamkeitsüberzeugung

Selbstwirksamkeitsüberzeugung ist das Vertrauen in deine eigenen Fähigkeiten. Der Glaube daran, dass du alles in dir trägst, was es braucht, um dein Ziel zu erreichen (das du dir mittels deiner Zielorientierung gesetzt hast). Ergänzt wird diese Fähigkeit dann durch den ersten Faden – den Optimismus.

Der 6. Faden: Empathie

Auch von diesem Faden wirst du eine Vorstellung haben: Empathie ist die Fähigkeit, dich in andere Menschen hineinzuversetzen, Menschenkenntnis, ein Gespür für andere. Daraus resultiert u.a. Intuition – dieses Bauchgefühl, das uns sagt, ob ein Mensch „echt" ist oder nicht.

Mir ist es wichtig, noch einen anderen Aspekt mit einzubringen. Unter Empathie im resilienten Sinne verstehe ich nämlich nicht nur Empathie mit anderen Menschen, sondern auch Empathie mit dir selbst – Selbstliebe. Dieser Punkt wird häufig vernachlässigt – und auch du wirst vielleicht Situationen kennen, in denen du über deine eigenen Grenzen gegangen bist, um für andere da zu sein, und es dir hinterher schlecht ging, oder?

Der 7. Faden: Kausalanalyse

Der siebte und letzte Faden ist die Fähigkeit zu hinterfragen, was schief gegangen ist und warum – also die Ereignisse ebenso wie deinen eigenen Anteil am Geschehen zu reflektieren.

Die Bonus-Fäden

Mit diesen sieben Fäden haben wir die „echten" Resilienz-Faktoren abgedeckt, die Denis Mourlane in seinem Buch „Resilienz – die geheimen Fähigkeiten der wirklich Erfolgreichen" beschreibt. In anderen Veröffentlichungen finden sich auch die Faktoren „Akzeptanz" und „soziales Umfeld" wieder. Nach Mourlane sind diese jedoch lediglich Ergebnisse aus den „Basis-Faktoren".

So resultiert Akzeptanz aus einer Mischung aus Kausalanalyse, Selbstwirksamkeitsüberzeugung und Optimismus: du hast die

Situation objektiv analysiert und kannst sie akzeptieren, ohne zu hadern, da du voller Vertrauen in deine eigenen Fähigkeiten und in dein Glück nach vorne blickst.

Ein stabiles soziales Umfeld wiederum kann nur entstehen, wenn du dich in andere Menschen hineinversetzen und auf diese eingehen kannst (Empathie), eine gute Impulskontrolle hast (und dadurch deine Freunde einerseits nicht bei der kleinsten Kleinigkeit anschreist, und du andererseits auch an der Freundschaft „dranbleibst" und sie pflegst), deine Emotionen zumindest halbwegs kontrollieren kannst UND deine Selbstwirksamkeitsüberzeugung soweit ausgeprägt ist, dass du deinen Freunden auf Augenhöhe begegnen kannst.

Dennoch habe ich entschieden, sie in diesem Buch mit aufzunehmen und sie einzeln zu betrachten. Denn: ein stabiles soziales Umfeld entsteht auch nicht von alleine, wenn die erwähnten Fäden stark sind. Ebensowenig kannst du automatisch bestimmte Situationen gut akzeptieren, nur weil du die einzelnen Faktoren trainiert hast.

Die Vorbereitung: teste deine Resilienz

Wenn du wissen willst, wo du hinmöchtest, solltest du zunächst einmal wissen, wo du stehst. Und das kannst du mit diesem, von mir entwickelten Resilienztest analysieren.

Lies die Fragen und beantworte sie spontan aus dem Bauch heraus. Denk nicht zu viel darüber nach, sondern kreuze die Aussage an, die deiner Meinung nach am ehesten auf dich zutrifft. Besonders aussagekräftig wird der Test, wenn du das Testergebnis mit einer Person, die dich gut kennt, besprichst. Das kann helfen, mögliche blinde Flecke aufzudecken.

Resilienztest

		trifft immer zu	trifft meistens zu	trifft manchmal zu	trifft selten zu	trifft nie zu
1	Wenn ich mich auf eine Sache konzentriere, bin ich oft wie im Tunnel.	O	O	O	O	O
2	Ich kann mich auf mich und meine Fähigkeiten verlassen.	O	O	O	O	O
3	Es wird sich schon alles zum Guten wenden.	O	O	O	O	O
4	Ich spüre schnell, wenn es jemandem nicht gut geht.	O	O	O	O	O
5	Der wichtigste Mensch in meinem Leben bin ich!	O	O	O	O	O
6	Ich kann es nicht leiden, wenn Menschen immer anderen die Schuld für ihr eigenes Versagen geben.	O	O	O	O	O
7	Ich bleibe auch in den kritischsten Situationen cool und gelassen.	O	O	O	O	O
8	Meine Freunde kommen zu mir, um von ihren Sorgen zu berichten.	O	O	O	O	O

		trifft immer zu	trifft meist- ens zu	trifft manch- mal zu	trifft selten zu	trifft nie zu
9	Bin ich schlecht drauf, finde ich Mittel und Wege, meine Laune zu verbessern.	O	O	O	O	O
10	Klappt etwas nicht, forsche ich so lange nach, bis ich die Ursache finde.	O	O	O	O	O
11	Jeder ist seines Glückes Schmied.	O	O	O	O	O
12	Ich setze mir Ziele und arbeite darauf hin.	O	O	O	O	O
13	Schreit mich jemand an, fällt es mir leicht, ruhig zu bleiben.	O	O	O	O	O
14	Menschen, die nichts dem Zufall überlassen können, finde ich langweilig.	O	O	O	O	O
15	Ich kümmere mich immer zuerst um die anderen.	O	O	O	O	O
16	Ich sehe positiv in die Zukunft.	O	O	O	O	O
17	Ich habe mich schlecht unter Kontrolle.	O	O	O	O	O
18	Kommt mir einer krumm, ist der Tag für mich gelaufen.	O	O	O	O	O

		trifft immer zu	trifft meistens zu	trifft manchmal zu	trifft selten zu	trifft nie zu
19	Wenn mir jemand komisch kommt, wird er schon einen triftigen Grund dafür haben.	○	○	○	○	○
20	Merke ich, dass ein Ziel unrealistisch oder unwichtig wird, verwerfe ich es und setze mir ein neues Ziel.	○	○	○	○	○
21	Klappt etwas nicht, ist es für mich ein Leichtes, etwas anderes zu tun.	○	○	○	○	○
22	Stehe ich mit dem falschen Fuß auf, ist der Rest des Tages gelaufen.	○	○	○	○	○
23	Disziplin ist mir wichtig.	○	○	○	○	○
24	Es gibt Menschen, mit denen kann man einfach nicht reden.	○	○	○	○	○
25	Wer es sich einmal mit mir verdorben hat, dem verzeihe ich nicht.	○	○	○	○	○
26	Ich achte gut auf mich, weil ich meine kostbarste Ressource bin.	○	○	○	○	○
27	Ich habe gelernt, mich direkt zu wehren, und frage erst später nach den Gründen.	○	○	○	○	○

		trifft immer zu	trifft meist- ens zu	trifft manch- mal zu	trifft selten zu	trifft nie zu
28	Ich trete auf der Stelle.	O	O	O	O	O
29	Mein Lieblingssatz könnte sein „5 Minuten schmollen ist in Ordnung. Mehr ist Absicht."	O	O	O	O	O
30	Ich lasse mich leicht ablenken.	O	O	O	O	O
31	Ich möchte morgens am liebsten nicht aufstehen.	O	O	O	O	O
32	Ich lege mich nicht fest und lasse mich gerne überraschen.	O	O	O	O	O
33	Ich bin überzeugt davon, dass alles, was ich erreicht habe, pures Glück war.	O	O	O	O	O
34	Mir fällt es sehr schwer darauf zu vertrauen, dass die Dinge wieder in Ordnung kommen.	O	O	O	O	O
35	Ich bleibe oft selbst auf der Strecke, weil andere den Großteil meiner Zeit beanspruchen.	O	O	O	O	O
36	Mir fällt es schwer, den Fokus zu halten.	O	O	O	O	O

Auswertung

Übertrage deine Antworten auf die einzelnen Fragen in die untenstehende Tabelle. Addiere die Summen pro Resilienzfaktor, um ein Gesamtergebnis zu bekommen.
Anschließend errechne eine Gesamtsumme aller Faktoren.

	trifft immer zu	trifft meistens zu	trifft manch- mal zu	trifft selten zu	trifft nie zu
IMPULSKONTROLLE I (FOKUS UND DISZIPLIN)					**SUMME**
1.	5	4	3	2	1
23.	5	4	3	2	1
30.	1	2	3	4	5
36.	1	2	3	4	5
IMPULSKONTROLLE II (SELBSTKONTROLLE)					**SUMME**
7.	5	4	3	2	1
13.	5	4	3	2	1
17.	1	2	3	4	5
27.	1	2	3	4	5

	trifft immer zu	trifft meistens zu	trifft manch- mal zu	trifft selten zu	trifft nie zu

EMOTIONSSTEUERUNG

SUMME

	trifft immer zu	trifft meistens zu	trifft manch-mal zu	trifft selten zu	trifft nie zu
9.	5	4	3	2	1
18.	1	2	3	4	5
22.	1	2	3	4	5
29.	5	4	3	2	1

EMPATHIE

SUMME

4.	5	4	3	2	1
8.	5	4	3	2	1
19.	5	4	3	2	1
24.	1	2	3	4	5

EMPATHIE MIT DIR SELBST

SUMME

5.	5	4	3	2	1
15.	5	4	3	2	1
26.	5	4	3	2	1
35.	1	2	3	4	5

	trifft immer zu	trifft meistens zu	trifft manch- mal zu	trifft selten zu	trifft nie zu
ZIELORIENTIERUNG					**SUMME**
12.	5	4	3	2	1
14.	1	2	3	4	5
20.	5	4	3	2	1
32.	1	2	3	4	5
SELBSTWIRKSAMKEITSÜBERZEUGUNG					**SUMME**
2.	5	4	3	2	1
11.	5	4	3	2	1
28.	1	2	3	4	5
33.	1	2	3	4	5
OPTIMISMUS					**SUMME**
3.	5	4	3	2	1
16.	5	4	3	2	1
31.	1	2	3	4	5
34.	1	2	3	4	5

	trifft immer zu	trifft meistens zu	trifft manch- mal zu	trifft selten zu	trifft nie zu	
KAUSALANALYSE						**SUMME**
6.	5	4	3	2	1	
10.	5	4	3	2	1	
21.	1	2	3	4	5	
25.	1	2	3	4	5	
						GESAMT -SUMME

Interpretation

IMPULSKONTROLLE I (FOKUS UND DISZIPLIN)

Dein Score:

15-20 Punkte: Du hast eine gute Konzentrationsfähigkeit und beendest das, was du begonnen hast, ohne dich groß ablenken zu lassen.

10-14 Punkte: Wenn dich eine Sache interessiert, kannst du dich gut darin vertiefen, allerdings lässt du dich schnell ablenken, wenn etwas vermeintlich Spannenderes anfällt.

4-9 Punkte: Du bleibst selten an einer Sache dran, sondern gibst jeder Ablenkung und jedem Impuls sofort nach.

IMPULSKONTROLLE II (SELBSTKONTROLLE)

Dein Score:

15-20 Punkte: Du hast dich stets unter Kontrolle - egal, wie hoch es um dich herum hergeht.

10-14 Punkte: In der Regel kannst du dich gut zusammenreißen, aber hin und wieder platzt dir der Kragen und du kannst dich nicht mehr kontrollieren.

4-9 Punkte: Du bist sehr dünnhäutig und flippst bei den kleinsten Kleinigkeiten aus.

EMOTIONSSTEUERUNG

Dein Score:

15-20 Punkte: Du lässt dir von schwierigen oder unangenehmen Umständen nicht so leicht die Laune verderben.

10-14 Punkte: Du bist oft gut gelaunt, und schaffst es auch nach schwierigen Situationen vergleichsweise schnell, deine Emotionen zum Positiven zu wenden.

4-9 Punkte: Du bist den Launen des Lebens hilflos ausgeliefert und schaffst es nur selten, dich selbst aus einer negativen Emotion zu befreien.

EMPATHIE

Dein Score:

15-20 Punkte: Du kannst dich gut in andere Menschen hineinversetzen, was dir ermöglicht, tiefe und dauerhafte Beziehungen zu anderen zu führen.

10-14 Punkte: In den meisten Fällen kannst du dich einfühlen in das, was in deinem Gegenüber vorgeht. Es gibt jedoch immer wieder Situationen, in denen du völlig überrascht von den Reaktionen anderer Menschen bist.

4-9 Punkte: Andere Menschen sind dir ein Rätsel, du hast keinen Schimmer, was in ihnen vorgeht.

EMPATHIE MIT DIR SELBST / SELBSTLIEBE

Dein Score:

15-20 Punkte: Du gibst gut auf dich acht, weil du weißt, dass du niemandem helfen kannst, wenn es dir selbst schlecht geht.

10-14 Punkte: Dir ist eigentlich bewusst, dass du mehr auf dich achten solltest. Immer wieder lässt du dich von anderen aber vereinnahmen, und ärgerst dich hinterher über dich selbst.

4-9 Punkte: Du stellst das Wohl anderer Menschen immer an erste Stelle. Dadurch wirst du oft ausgenutzt, fühlst dich gestresst und ausgelaugt.

ZIELORIENTIERUNG

Dein Score:

15-20 Punkte: Du weißt, was du willst, setzt dir Ziele im Leben, und erreichst diese auch meist.

10-14 Punkte: Du setzt dir hin und wieder Ziele, allerdings eher sporadisch und wenig strukturiert.

4-9 Punkte: Du lebst in der Regel in den Tag hinein und genießt das Leben. Es kommt dir nicht in den Sinn (oder es fällt dir schwer), dir Ziele zu setzen.

SELBSTWIRKSAMKEITSÜBERZEUGUNG

Dein Score:

15-20 Punkte: Du verfügst über ein gesundes Selbstbewusstsein und bist der Überzeugung, dass du die Dinge selber beeinflussen können.

10-14 Punkte: In der Regel traust du dir einiges zu, aber hin und wieder kommen dir schon Zweifel, ob du es wirklich aus eigener Kraft schaffen kannst.

4-9 Punkte: Du zweifelst ernsthaft an dir selber, und glaubst vielmehr, dass du gegen das Schicksal ohnehin nichts ausrichten kannst.

OPTIMISMUS

Dein Score:

15-20 Punkte: Dein Glas ist in den allermeisten Fällen halb voll, und du lässt dich auch von widrigen Umständen nicht von deiner positiven Sicht auf die Dinge abbringen.

10-14 Punkte: In der Regel glaubst du daran, dass die Dinge sich im Großen und Ganzen schon zum Guten wenden werden, allerdings kommen dir immer häufiger Zweifel, ob dem wirklich so ist.

4-9 Punkte: Egal was passiert – du bist der Überzeugung, dass es schlecht ausgehen wird. Dass du immer in der längsten Schlange warten wirst. Dass alles schiefgehen wird, was nur schiefgehen kann.

KAUSALANALYSE

Dein Score:

15-20 Punkte: Du lernst aus deinen Fehlern, weil du dir die Zeit nimmst und die Fähigkeiten besitzt, diese zu analysieren.

10-14 Punkte: Hin und wieder gelingt es dir aus Situationen die richtigen Schlüsse zu ziehen, es fällt dir jedoch oft schwer, die Dinge objektiv zu betrachten.

4-9 Punkte: In den allermeisten Fällen hast du den Eindruck, dass Dinge „einfach so", ohne ersichtlichen Grund, schiefgehen. In der Regel schaffst du es nicht, deinen eigenen Anteil in Fehlschlägen zu erkennen.

Gesamtwertung

100-140 Punkte: Du bist ein äußert resilienter Mensch – Hut ab! Achte bitte auf dich, damit dir diese Resilienz erhalten bleibt, denn zu viel Stress oder eine dauerhafte Unter- oder Überforderung im Job oder im Business kann an dieser Resilienz zehren.

70-99 Punkte: Du bist im Großen und Ganzen und in den meisten Situationen resilient. Zu viel Druck oder ein Zusammentreffen von unglücklichen Umständen können dich jedoch leicht aus der Bahn werfen. Es wäre sinnvoll, an den weniger resilienten Punkten zu arbeiten, um diese „Fäden" zu stärken und gleichzeitig die starken Faktoren weiter zu unterstützen.

28-69 Punkte: Du solltest unbedingt etwas tun – deine Resilienz hat schon ganz schön gelitten! Liegt es an deinem Job oder deinem Business? An den Lebensumständen? Oder kennst du es gar nicht anders? Schau hin, was die Ursache ist, und versuche einerseits an deiner Resilienz zu arbeiten.

Überlege andererseits, auf welche äußeren Umstände du Einfluss nehmen kannst – z.B. in dem du dich beruflich neu ausrichtest und dich auf das fokussierst, was dir WIRKLICH Spaß macht.

Wie siehst du dich?

Und, warst du überrascht vom Ergebnis? Vieles wird dir wohl bewusst gewesen sein, aber ich kann mir gut vorstellen, dass die ein oder andere Überraschung dabei war.

Egal, wie das Ergebnis ausgesehen hat: nicht verzagen! Du hast dir dieses Buch gekauft, um an dir und deiner Resilienz zu arbeiten, allein diese Tatsache verdient meine Hochachtung! In den nächsten Monaten geht es nun darum, deine Resilienz Schritt für Schritt zu verbessern, damit du in deine Gelassenheit kommst, und dich wieder auf das Wesentliche konzentrieren kannst.

Eine Bitte habe ich, bevor du loslegst: bleib dran und sei diszipliniert (alleine das ist eine wunderbare Übung in Impulskontrolle ;-)). Aber geißel dich nicht, wenn du einmal aus dem Tritt kommst und dich ein paar Tage nicht drangesetzt hast. Sei lieb mit dir! Niemand ist perfekt – alles, was wir tun können ist, es jeden Tag wieder zu versuchen.

Wie du dieses Buch benutzt

Dieses Buch ist in neun Monate aufgeteilt, und in jedem Monat lege ich den Fokus auf einen bestimmten Faden des Spinnennetzes. Da die Fäden zusammenhängen, überschneiden bzw. wiederholen sich manche Übungen – und gleichzeitig wirst du auch die anderen Fähigkeiten stärken, wenn du dich auf eine fokussierst.

Aus den Gründen, die ich im letzten Kapitel erwähnt habe, habe ich jedoch ein paar kleinere Anpassungen vorgenommen (bei sieben Resilienzfaktoren kämen wir sonst auch gar nicht auf neun Monate, richtig?).

So habe ich den Faktor „Impulskontrolle" aufgeteilt: im dritten Monat arbeiten wir daran, wie du deine Impulse besser kontrollieren kannst. Den zweiten Aspekt (Fokus halten, Durchhaltevermögen und Selbstdisziplin) trainierst du nämlich ohnehin dadurch, dass du dieses Buch regelmäßig führst – ich gehe also nicht mehr extra darauf ein.

Der Faktor „Empathie" kommt im sechsten Monat dran, und zwar als Empathie mit dir selbst. Im achten Monat habe ich dann einen besonderen Fokus auf Empathie mit anderen sowie dein soziales Umfeld gelegt.

Dem Thema „Akzeptanz" habe ich auch einen ganzen Monat gewidmet, nämlich den neunten und letzten.

Alle anderen entsprechen „einfach" den einzelnen Resilienzfaktoren.

Wie du am besten vorgehst

Dieses Buch ist ein Praxisbuch. Das heißt im Klartext: du wirst nur etwas verändern in deinem Leben, wenn du etwas <u>tust</u>.
Jeder Monat ist in 4 Wochen aufgeteilt. Dadurch kannst du zu jedem Zeitpunkt im Jahr starten – wann auch immer dir dieses Buch in die Hände fällt und du beschließt, dass JETZT für dich der richtige Zeitpunkt ist.

Am Anfang jeden Monats erkläre ich noch einmal kurz, was es mit dem jeweiligen Thema auf sich hat. Manchmal füge ich eine kleine Anekdote, ein Gedicht, einen witzigen Spruch hinzu, der zum Monatsmotto passt.

Dann erkläre ich die Aufgaben des jeweiligen Monats und was es mit ihnen auf sich hat – und was du damit erreichen wirst.

Auf den, jeweils doppelseitigen Wochenübersichten, kannst du deine Antworten auf die Wochen- bzw. Monatsfragen eintragen, deinen Fortschritt dokumentieren, dir Notizen machen usw. Es ist auch genug Platz, um deine eigenen To Dos aufzuschreiben – so hilft dir dieser Kalender, deinen Tag zu organisieren.

Am Ende eines jeden Monats folgt dann die Rubrik „Jeden Tag ein Satz..". Hier hast du genau eine Zeile pro Tag Platz, um dein tägliches Highlight, dein Gelerntes, dein Fazit des jeweiligen Tages einzutragen – wie eine Art Tagebuch, nur mit sehr begrenztem Platzangebot. Das hat den Sinn, dass du dir jeweils der Essenz bewusst wirst (dadurch lernst du, Wichtiges von Unwichtigem zu unterscheiden, dich zu entscheiden, und dich kurz zu fassen. Beides sehr nützliche Eigenschaften im Business!).

Das war's auch schon – viel Spaß ☺

Ein

Ö- PTIMIST

ist ein Mensch,

der alles

halb so schlimm

oder

doppelt so gut

findet!

Heinz Rühmann

Monat 1: Optimismus

Diesen Monat konzentrieren wir uns darauf, an deinem Optimismus zu arbeiten. Du bist schon optimistisch? Macht nichts – mach einfach mit, es wird dir trotzdem guttun und Spaß machen. Und wer weiß, was sich in deinem Leben so alles verändert.

Unseren Optimismus stärken wir am besten, in dem wir uns auf die positiven Dinge fokussieren. Es gibt nie nur eine Wahrheit – aber die Wahrheit, für die du dich entscheidest, wird deine Sicht auf die Welt bestimmen. Es ist alles eine Frage der Perspektive.

Anders ausgedrückt: wenn du dich auf die schönen Seiten des Lebens konzentrierst, wirst du mehr davon wahrnehmen. Und es werden subjektiv betrachtet mehr gute Dinge geschehen – nicht, weil nichts Schlimmes mehr passiert, sondern einfach, weil du deinen Fokus verändert hast.

In diesem Monat geht es deshalb ausschließlich darum, deinen Blick für die guten Dinge zu schärfen, die es in deinem Leben gibt. Nimm dieses Buch bitte jeden Abend zur Hand und notiere dir drei Dinge, für die du an diesem Tag dankbar bist, sowie drei Sachen, die du heute gut gemacht hast, also drei Erfolge. Mehr nicht.

Am Anfang wird es dir vielleicht schwer fallen, jeweils drei Dinge in jeder Kategorie zu finden. Das macht nichts – dann schreibst du halt auch mal nur eines auf. Es können aber auch Kleinigkeiten sein, wie beispielsweise, dass die Sonne geschienen hat. Vielleicht ist es an besonders schlechten Tagen auch schon ein Erfolg für dich, niemanden angeschrien zu haben – notiere auch das, bitte.

Zusätzlich habe ich dir ein wenig Platz gelassen, um einen besonders schönen Spruch zu notieren, oder dir ein Tagesmotto zu überlegen. Fühl dich frei, wofür du diesen Raum nutzt.

In der rechten Spalte eines jeden Tages kannst du deine To Dos aufschreiben, oder dir Notizen machen. Diese Spalte wird dich die nächsten Monate begleiten.

Und nun viel Spaß!

jeden TAG eine ZEILE...

WOChE 1

1 ...
2 ...
3 ...
4 ...
5 ...
6 ...
7 ...

WOChE 2

1 ...
2 ...
3 ...
4 ...
5 ...
6 ...
7 ...

jeden TAG eine ZEILE...

WOCHE 3

1 ...
2 ...
3 ...
4 ...
5 ...
6 ...
7 ...

WOCHE 4

1 ...
2 ...
3 ...
4 ...
5 ...
6 ...
7 ...

datum:

mo
dankbarkeit   erfolge

o   o

o   o

o   o

di
dankbarkeit   erfolge

notizen / todos

o   o

o   o

o   o

mi
dankbarkeit   erfolge

notizen / todos

o   o

o   o

o   o

do

dankbarkeit · erfolge

- o
- o
- o

· o
· o
· o

fr

dankbarkeit · erfolge

- o
- o
- o

· o
· o
· o

sa   dankbarkeit

so

nichtstun
&
genießen!

39

datum:

mo

dankbarkeit | erfolge

-
-
-

○ erfolge

di

dankbarkeit | erfolge

notizen / todos

-
-
-

○ erfolge

mi

dankbarkeit | erfolge

notizen / todos

-
-
-

do

dankbarkeit | erfolge

o

o

o

o

o

o

fr

dankbarkeit | erfolge

o

o

o

o

o

o

sa dankbarkeit

so

nichtstun
&
genießen !

datum:

mo

notizen / todos

dankbarkeit | erfolge

○
○
○

di

notizen / todos

dankbarkeit | erfolge

○
○
○

mi

notizen / todos

dankbarkeit | erfolge

○
○
○

42

do

dankbarkeit | erfolge

o

o

o

o

o

o

fr

notizen / to dos

dankbarkeit | erfolge

o

o

o

o

o

o

sa

dankbarkeit

so

nichtstun
&
genießen !

datum:

mo

dankbarkeit   erfolge

notizen / to dos

- o
- o
- o

     - o
     - o
     - o

di

dankbarkeit   erfolge

notizen / to dos

- o
- o
- o

     - o
     - o
     - o

mi

dankbarkeit   erfolge

notizen / todos

- o
- o
- o

     - o
     - o
     - o

do

notizen / todos

dankbarkeit | erfolge

o | o

o | o

o | o

fr

notizen / to dos

dankbarkeit | erfolge

o | o

o | o

o | o

sa

dankbarkeit

so

nichtstun & genießen!

45

Ein
ZIEL
ist eine
PHANTASIE
in die
ZUKUNFT!

Monat 2: Zielorientierung

Es ist wichtig, dir Ziele zu setzen, wenn du selbst über dein Leben bestimmen möchtest. Denn sonst kommst du zwar irgendwo an – aber vielleicht an einem Ort, wohin du gar nicht wolltest. Gleichzeitig ist es gar nicht so einfach, die richtigen Ziele zu finden. Denn oftmals nehmen wir uns gar nicht die Zeit, wirklich darüber nachzudenken, was uns selbst wichtig ist, sondern entscheiden uns für „offensichtliche" Ziele.

Mit offensichtlichen Zielen meine ich die Ziele, auf die unser Lebenslauf hindeutet. Du hast studiert und machst einen guten Job in einem Konzern? Dann ist das nächste Ziel doch sicherlich eine Teamleiterstelle, und dann eine Abteilungsleitung. Du hast dich selbstständig gemacht, und die Auftragslage ist gut? Dann ist das nächste Ziel doch sicherlich, dich zu vergrößern und jemanden einzustellen. Du bist gerade mit deinem Freund zusammengezogen? Dann ist das erste Ziel doch sicherlich eine Heirat, dann das erste Kind, und schließlich noch ein zweites – Ende.

Aber nicht immer stellen wir uns das auch so vor, wie es offensichtlich ist, oder wie andere es sich für uns wünschen. Und darum geht es in diesem Monat: deine eigenen Ziele zu finden.

In der **ersten Woche** geht es deshalb um das große Ganze: deine Lebensvision. Worauf möchtest du einmal zurückblicken, wenn du 80, 90 oder 100 bist? Wofür möchtest du bekannt sein? Oder – etwas makaber – wovon soll deine Grabrede handeln? Nimm dir jeden Tag ein wenig Zeit, um darüber nachzudenken, und schreib es dann auf. Vielleicht kannst du schon nach zehn Minuten etwas zu Papier bringen, vielleicht auch erst nach einer halben Stunde. Wenn du es konsequent jeden Tag machst, wird deine Vision immer schärfer, und du bekommst immer mehr Klarheit. Am Ende der Woche solltest du dann soweit sein, deine „Finale Version" aufzuschreiben.

In **Woche Zwei** brichst du deine Lebensvision herunter auf konkrete Ziele. Was möchtest du in zwölf Monaten erreicht haben? Wichtig: klar, messbar, unmissverständlich. „Abnehmen" ist kein Ziel, sondern eine Tätigkeit. Ein mögliches Ziel könnte so aussehen: „am 31.12. diesen Jahres wiege ich 60 kg". Formuliere es als Tatsache, nicht als Wunsch! Auch hier wieder: nimm dir jeden Tag Zeit, um dir über deine Ziele klar zu werden. Und am Ende der Woche legst du dich auf deine vier Ziele für das kommende Jahr fest.

In der **dritten Woche** gehst du noch einen Schritt weiter: aus deinen vier Jahreszielen wählst du zwei Etappenziele aus, die du in einem Monat erreicht haben willst. Wichtig ist, dass diese Unterziele zum großen Ziel passen, also Meilensteine auf dem Weg dahin sind. Nutze die Woche, um dir darüber klarzuwerden, was deine Ziele sein sollen, und formuliere sie am Wochenende klar aus.

Woche vier ist angebrochen – herzlichen Glückwunsch, du bist spitze! Deine Aufgabe für diese Woche ist es, ein Wochenziel zu formulieren, das auf dem Weg zu einem deiner Monatsziele liegt (die ja wiederum auf deine Jahresziele einzahlen. Und die wiederum sind Meilensteine auf dem Weg zu deiner Lebensvision).

In diesem Fall hast du zwei Möglichkeiten:

Entweder du nutzt die Woche, um dir über dein Wochenziel für die darauffolgende Woche klarzuwerden.

Oder du weißt zu Wochenbeginn schon, was du in der aktuellen Woche erreichen möchtest, und schreibst dir einfach jeden Tag dieses Ziel auf, um es nicht aus den Augen zu verlieren. Und am Ende der

Woche formulierst du dann ein neues Ziel für die kommende Woche.

Was sich durch alle Wochen (und den Rest dieses Buchs) durchzieht, ist die Rubrik „Dankbarkeit". Es ist ungemein wichtig, dankbar zu sein für das, was du schon in deinem Leben hast, da es dich erdet und du voller guter Gefühle nach vorne schreiten und deine Ziele verfolgen kannst. Außerdem zieht Dankbarkeit weitere positive Dinge an. Deshalb: bitte notiere jeden Abend drei Dinge, für die du dankbar bist. Mach es dir zur Gewohnheit, bevor du schlafen gehst.

jeden TAG eine ZEILE...

1 ...
2 ...
3 ...
4 ...
5 ...
6 ...
7 ...

1 ...
2 ...
3 ...
4 ...
5 ...
6 ...
7 ...

jeden TAG eine ZEILE...

1 ...
2 ...
3 ...
4 ...
5 ...
6 ...
7 ...

1 ...
2 ...
3 ...
4 ...
5 ...
6 ...
7 ...

datum:

| mo | meine lebensvision | notizen / todos |

dankbarkeit

o

o

o

| di | meine lebensvision | notizen / todos |

dankbarkeit

o

o

o

| mi | meine lebensvision | notizen / todos |

dankbarkeit

o

o

o

do	meine lebensvision	notizen / todos
dankbarkeit		
o		
o		
o		

fr	meine lebensvision	notizen / to dos
dankbarkeit		
o		
o		
o		

sa

nichtstun & genießen! ♡

so   meine lebensvision:

datum:

| mo | meine ziele: | notizen / todos |

dankbarkeit

○

○

○

| di | meine ziele: | notizen / todos |

dankbarkeit

○

○

○

| mi | meine ziele: | notizen / todos |

dankbarkeit

○

○

○

| do | meine ziele: | notizen / todos |

dankbarkeit

o

o

o

| fr | meine ziele: | notizen / to dos |

dankbarkeit

o

o

o

| sa | | so | meine 4 ziele: |

nichtstun
&
genießen! ♡

datum:

mo

dankbarkeit

o

o

o

meine monatsziele:

notizen / to dos

di

dankbarkeit

o

o

o

meine monatsziele:

notizen / to dos

mi

dankbarkeit

o

o

o

meine monatsziele:

notizen / to dos

do	meine monatsziele:	notizen / todos
dankbarkeit		
o		
o		
o		

fr	meine monatsziele:	notizen / to dos
dankbarkeit		
o		
o		
o		

sa

nichtstun
&
genießen! ♡

so   meine 2 ziele:

datum:

mo	mein wochenziel:	notizen / todos

dankbarkeit

o

o

o

di	mein wochenziel:	notizen / todos

dankbarkeit

o

o

o

mi	mein wochenziel:	notizen / todos

dankbarkeit

o

o

o

do	mein Wochenziel:	notizen / todos
dankbarkeit		

o

o

o

fr	mein Wochenziel:	notizen / to dos
dankbarkeit		

o

o

o

| sa | | so | ... und das werde ich nächste Woche erreichen... |

feier

dich!!

Falls Ihr mich

sucht – ich

bin etwas

ZU WEIT

gegangen.

Monat 3: Impulskontrolle

Auf stressige, beängstigende oder bedrohliche Situationen reagiert unser Gehirn ja mit dem Kampf-oder-Flucht-Impuls. Wenn uns also jemand anschreit, wäre es eine natürliche Reaktion, sich zu wehren, oder das Weite zu suchen. Diesen Impuls kontrollieren zu können, und sich bewusst für eine Reaktion zu entscheiden, ist ein wichtiger Grundpfeiler unserer Gesellschaft. Impulskontrolle ist also die Fähigkeit, dich in unangenehmen Situationen zusammenzureißen und den verärgerten Kunden nicht direkt anzubrüllen, der dich unflätig beleidigt.

In unserer heutigen Arbeitswelt mit vielfältigen Anforderungen und Belastungen wird diese Fähigkeit sehr hoch geschätzt – wird aber immer schwieriger durchzuhalten. Ist es dir auch schon einmal passiert, dass du deinen Partner oder deine Partnerin angeschnautzt hast, obwohl diese eigentlich gar nichts Schlimmes gemacht haben, einfach weil der Tag schon anstrengend genug war? Oder dass du ungeduldiger mit deinen Kindern warst, als sie es eigentlich verdient hätten? DAS ist (schlechte) Impulskontrolle. Und darum geht es in diesem Monat: dich dabei zu unterstützen, dass du deine Gelassenheit bewahrst, auch wenn mehrere Dinge zusammenkommen.

Das zweite Element von Impulskontrolle ist die Fähigkeit, den Fokus zu halten und diszipliniert und konzentriert an einer Sache dranzubleiben. Diesen Punkt betrachten wir nicht explizit – allein durch das gewissenhafte und regelmäßige Arbeiten in diesem Übungsbuch stärkst du diesen Aspekt ungemein.

Die einfachste Methode, Gelassenheit zu erreichen, ist die Meditation. Deshalb stelle ich dir drei einfache Meditationen vor – jede Woche eine neue, die du dann bitte jeweils eine Woche lang ausprobierst. In der vierten Woche wählst du die Meditation, die dir am besten zugesagt hat, und meditierst mit dieser weiter.

Um in dem Gefühl der Positivität und Dankbarkeit zu bleiben, hast du auch in diesem Monat wieder die Aufgabe, abends drei Dinge aufzuschreiben, für die du dankbar bist.

Und um dich bei deiner Zielerreichung zu unterstützen, schreibst du bitte jeden Morgen deine vier Jahresziele auf – und zwar jeweils vier Mal! Schreib jedes Ziel einfach vier Mal übereinander (sonst reicht der Platz auch nicht). Durch die 4-malige Wiederholung graben sich deine Ziele noch weiter in dein Unterbewusstsein, und du wirst mehr Gelegenheiten wahrnehmen, die zu deinen Zielen passen. Außerdem hast du sie immer vor Augen, und die Wahrscheinlichkeit ist größer, dass du sie auch erreichst – weil du dich nicht so schnell vom Weg abbringen lässt, wenn du jederzeit präsent hast, was du „eigentlich" erreichen möchtest.

Also: morgens meditieren und Ziele aufschreiben. Abends Dankbarkeit.

Woche 1:

Eine ganz einfache Form der Meditation ist die „4-2-6-2"-Atmung. Suche dir einen ruhigen Platz und sorge dafür, dass du nicht gestört wirst. Stelle einen Wecker (Handy / Küchenuhr) auf die Zeit ein, die du meditieren möchtest – am Anfang vielleicht erst einmal fünf Minuten.

Setz dich bequem, aber aufrecht hin. Atme zunächst einmal tief ein und wieder aus, um anzukommen.

Dann beginnst du: atme tief ein, während du bis vier zählst.
Halte den Atem auf zwei.
Atme, bis sechs zählend, wieder aus.
Halte den Atem wieder an, und zählst währenddessen bis zwei. Und wieder von vorne.

Gerade für Meditationsanfänger ist dies eine gute Möglichkeit, „reinzukommen". Ein häufiges Problem bei der Meditation sind nämlich abschweifende Gedanken – „was mach ich hier eigentlich?!"; „was muss ich heute alles erledigen?"; „hoffentlich werden die Kinder nicht wach, während ich hier sitze". Durch das Zählen beschäftigst du deine Gedanken zumindest ein wenig.

Wenn dennoch mal ein Gedanke dazwischen kommt (was passieren wird, sobald das Zählen zum Automatismus wird), ärgere dich nicht: nimm ihn wahr, und lass ihn ziehen. Komm immer wieder zu deinem Atem zurück.

Schau, wie viel Zeit du fürs Meditieren aufbringen kannst – es muss nicht direkt die halbe Stunde am Morgen sein. Auch wenn es nur fünf Minuten sind, ist das schon gut und wird dich weiterbringen! Lieber kürzer, aber dafür täglich, als einmal eine Stunde und dann nie wieder, weil der Zeitaufwand für dich zu groß ist. Nimm dir am Wochenende aber einmal etwas länger Zeit für die Meditation – je nachdem, wie geübt du bist, 15, 30 oder 45 Minuten.

In der **zweiten Woche** probierst du eine andere Form der Meditation aus: die Kerzen- oder auch Lichtmeditation.

Stell dir hierfür eine Kerze in Augenhöhe auf, ca. 50-100 cm von deinem Meditationsplatz entfernt. Setz dich aufrecht entspannt hin, und blicke in das Licht der Kerze. Fokussiere dich auf die Flamme, und versuche, deinen Kopf leer werden zu lassen. Dann konzentrierst du dich auf deine Atmung und nimmst sie wahr. Einfach nur wahrnehmen.

Beginne dann, nach dem oben beschriebenen Rhythmus ein- und auszuatmen – 4-2-6-2 –, und behalte diesen so lange bei, wie es für dich angenehm ist. Dann kehrst du zu deinem natürlichen Atemrhythmus zurück. Die ganze Zeit über hältst du den Blick in die

Flamme gerichtet.

Zum Beenden atmest du einmal tief ein und wieder aus, und dehnst und streckst dich ein wenig.

Nimm dir auch in dieser Woche so viel Zeit zum Meditieren, wie es dir möglich ist – und plane am Wochenende eine längere Session ein.

Woche 3:

In dieser Woche stelle ich dir eine dritte Variante der Meditation vor: die geführte Meditation. Auf meiner Website www.katjamichalek.com/meditation findest du ein paar, die ich für dich eingesprochen habe. Die Vorgehensweise ist die gleiche – nur dass in diesem Fall die Zeit vorgegeben ist.

In der **vierten und letzten** Woche meditierst du bitte auch jeden Morgen, entscheidest dich aber für deinen Favoriten.

Nach diesen vier Wochen hast du schon eine sehr sehr gute Meditationspraxis entwickelt. Toll, dass du drangeblieben bist! Spürst du den Unterschied?

jeden TAG eine ZEILE...

1 ...
2 ...
3 ...
4 ...
5 ...
6 ...
7 ...

1 ...
2 ...
3 ...
4 ...
5 ...
6 ...
7 ...

jeden TAG eine ZEILE...

WOCHE 3

1 ...
2 ...
3 ...
4 ...
5 ...
6 ...
7 ...

WOCHE 4

1 ...
2 ...
3 ...
4 ...
5 ...
6 ...
7 ...

datum:

mo	4 x 4 ziele	notizen / todos

dankbarkeit

- o
- o
- o

atmen: 4-2-6-2 (... min)

di	4 x 4 ziele	notizen / todos

dankbarkeit

- o
- o
- o

atmen: 4-2-6-2 (... min)

mi	4 x 4 ziele	notizen / todos

dankbarkeit

- o
- o
- o

atmen: 4-2-6-2 (... min)

do	4x4 ziele	notizen / todos
dankbarkeit	o	
	o	
o	o	
o	o	
o	atmen 4-2-6-2 (… min)	

fr	4x4 ziele	notizen / to dos
dankbarkeit	o	
	o	
o	o	
o	o	
o	atmen 4-2-6-2 (… min)	

sa	so
atmen 4-2-6-2	spaziergang
… min	… min

69

datum:

mo
dankbarkeit

○

○

○

4 x 4 ziele
○
○
○
○

🕯 - meditation (...min)

notizen / todos

di
dankbarkeit

○

○

○

4 x 4 ziele
○
○
○
○

🕯 - meditation (...min)

notizen / todos

mi
dankbarkeit

○

○

○

4 x 4 ziele
○
○
○
○

🕯 - meditation (...min)

notizen / todos

do	4x4 ziele	notizen / todos

dankbarkeit

o

o

o

- o
- o
- o
- o

🕯-meditation (...min)

fr	4x4 ziele	notizen / to dos

dankbarkeit

o

o

o

- o
- o
- o
- o

🕯-meditation (...min)

sa	so

🕯-meditation

(... min)

spaziergang

(... min)

datum:

mo

dankbarkeit

○

○

○

4 x 4 ziele

○
○
○
○

geführte medi (...min)

notizen / to dos

---

di

dankbarkeit

○

○

○

4 x 4 ziele

○
○
○
○

geführte medi (...min)

notizen / to dos

---

mi

dankbarkeit

○

○

○

4 x 4 ziele

○
○
○
○

geführte medi (...min)

notizen / to dos

do	4x4 ziele	notizen / todos
dankbarkeit	o	
o	o	
o	o	
o	o	
o	**geführte medi (...min)**	

fr	4x4 ziele	notizen / to dos
dankbarkeit	o	
o	o	
o	o	
o	o	
o	**geführte medi (...min)**	

sa	so
geführte meditation	spaziergang
(... min)	(... min)

datum:

mo
dankbarkeit

○

○

○

4 x 4 ziele

○
○
○
○

medi: (...min)

notizen / todos

di
dankbarkeit

○

○

○

4 x 4 ziele

○
○
○
○

medi: (..min)

notizen / todos

mi
dankbarkeit

○

○

○

4 x 4 ziele

○
○
○
○

medi: (..min)

notizen / todos

do
dankbarkeit

o

o

o

4x4 ziele

o

o

o

o

medi :   (...min)

notizen / todos

---

fr
dankbarkeit

o

o

o

4x4 ziele

o

o

o

o

medi :   (..min)

notizen / to dos

Sa

meditation :

(... min)

So

spaziergang

(... min)

Und immer,
wenn wir LACHEN,

stirbt irgendwo

ein Problem

—♡—

Monat 4: Emotionssteuerung

Emotionssteuerung ist die Fähigkeit, dich selbst und deine eigenen Gefühle zu lenken, und dadurch nicht mehr emotional abhängig zu sein von dem, was im Außen passiert. Diese Fähigkeit ist elementar wichtig für deinen persönlichen Erfolg! Wenn du sie beherrschst, können dich unerwünschte Ereignisse oder unangenehme Zeitgenossen nicht mehr so leicht aus den Schuhen heben – weil du Herr bzw. Frau über deine eigenen Gefühle bist.

Um diese Fähigkeit zu meistern ist es zunächst einmal wichtig, die zugrundeliegende Emotion überhaupt zu erkennen. Dieses Bewusstmachen des Gefühls bringt dich dann in die Position der Kontrolle – wenn du die Emotion verstehst, kannst du etwas unternehmen, um sie zu lenken.

In den nächsten vier Wochen wirst du das Erkennen der Emotionen üben – d.h. jeden Abend bewertest du von einer Skala von ☹ bis ☺, wie es dir ging. Gleichzeitig behältst du die Meditationspraxis bei, denn diese hilft dir, in ausgeglichenere Emotionen zu kommen.

Morgens schreibst du bitte deine 4 Ziele auf; da es deine Ziele sind, wird die Vorstellung, sie zu erreichen, in dir gute Gefühle entfachen. Und abends notierst du bitte wieder die 3 Dinge, für die du dankbar bist. Das fokussiert dich auf die guten Dinge im Leben, und die guten Gefühle.

Für die Wochenenden habe ich dir jeweils ein paar Vorschläge gemacht für Dinge, die dir guttun könnten. Schau hin, was dir Spaß macht und gute Laune bringt – immer mit der Überlegung, was du zukünftig als Handwerkszeug übernehmen kannst, um dich aus einem emotionalen Tief zu holen. Und nun viel Spaß!

jeden TAG eine ZEILE...

1 ...
2 ...
3 ...
4 ...
5 ...
6 ...
7 ...

1 ...
2 ...
3 ...
4 ...
5 ...
6 ...
7 ...

jeden TAG eine ZEILE...

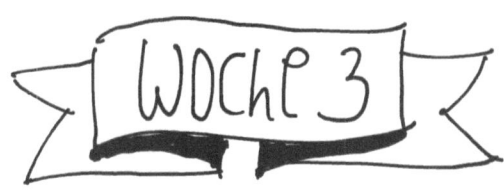

WOCHE 3

1 ...
2 ...
3 ...
4 ...
5 ...
6 ...
7 ...

WOCHE 4

1 ...
2 ...
3 ...
4 ...
5 ...
6 ...
7 ...

datum:

---

mo

4x4 Ziele:

○
○
○
○

meditation: (..min)

dankbarkeit:

○
○
○

So ging es mir heute:

☹ ——————— ☺

notizen / todos

---

di

4x4 Ziele:

○
○
○
○

meditation: (..min)

dankbarkeit:

○
○
○

So ging es mir heute:

☹ ——————— ☺

notizen / todos

---

mi

4x4 Ziele:

○
○
○
○

meditation: (...min)

dankbarkeit:

○
○
○

So ging es mir heute:

☹ ——————— ☺

notizen / todos

80

do

meditation: (...min)

notizen / todos

4x4 ziele:

o
o
o
o

dankbarkeit:

o
o
o

so ging es mir heute:

☹ ——————— ☺

---

fr

meditation: (...min)

notizen / to dos

4x4 ziele:

o
o
o
o

dankbarkeit:

o
o
o

so ging es mir heute:

☹ ——————— ☺

---

sa

musik hören /
freunde treffen /
lecker essen

so

spaziergang

... min

datum:

mo

meditation: (..min)

notizen / todos

4x4 ziele:

dankbarkeit:
- o
- o
- o

So ging es mir heute:

🙁 —————— 🙂

- o
- o
- o
- o

---

di

meditation: (..min)

notizen / todos

4x4 ziele:

dankbarkeit:
- o
- o
- o

So ging es mir heute:

🙁 —————— 🙂

- o
- o
- o
- o

---

mi

meditation: (...min)

notizen / todos

4x4 ziele:

dankbarkeit:
- o
- o
- o

So ging es mir heute:

🙁 —————— 🙂

- o
- o
- o
- o

> do ⟨ meditation: (...min) | notizen / todos

4x4 ziele: dankbarkeit:

o   o
o   o
o   o
o   So ging es mir heute:

                              ☹ ——————— ☺

> fr ⟨ meditation: (...min) | notizen / to dos

4x4 ziele :   dankbarkeit:

o   o
o   o
o   o
o   So ging es mir heute:
o
                              ☹ ——————— ☺

> sa ⟨ | > so ⟨

nichtstun   worauf habe
   &
      genießen !   ich heute am
                                meisten lust ??

datum:

mo

4x4 ziele:
- o
- o
- o
- o

meditation: (..min)

dankbarkeit:
- o
- o
- o

so ging es mir heute:

notizen / todos

---

di

4x4 ziele:
- o
- o
- o
- o

meditation: (..min)

dankbarkeit:
- o
- o
- o

so ging es mir heute:

notizen / todos

---

mi

4x4 ziele:
- o
- o
- o
- o

meditation: (...min)

dankbarkeit:
- o
- o
- o

so ging es mir heute:

notizen / todos

84

do

meditation: (...min)

4x4 ziele:

o

o

o

o

dankbarkeit:

o

o

o

So ging es mir heute:

☹ ———— ☺

notizen / todos

---

fr

meditation: (...min)

4x4 ziele:

o

o

o

o

dankbarkeit:

o

o

o

So ging es mir heute:

☹ ———— ☺

notizen / to dos

---

sa

meine highlights diese woche:

so

lieblingsessen

kochen (lassen) !

datum:

---

mo meditation: (..min)

notizen / todos

4x4 ziele:

dankbarkeit:
o
o
o

o
o
o
o

So ging es mir heute:
☹ —————— ☺

---

di meditation: (..min)

notizen / todos

4x4 ziele:

dankbarkeit:
o
o
o

o
o
o
o

so ging es mir heute:
☹ —————— ☺

---

mi meditation: (...min)

notizen / todos

4x4 ziele:

dankbarkeit:
o
o
o

o
o
o
o

so ging es mir heute:
☹ —————— ☺

do | meditation: (...min) | notizen / todos

4x4 ziele:
- o
- o
- o
- o

dankbarkeit:
- o
- o
- o

so ging es mir heute:

☹ ———————— ☺

---

fr | meditation: (...min) | notizen / to dos

4x4 ziele:
- o
- o
- o
- o

dankbarkeit:
- o
- o
- o

so ging es mir heute:

☹ ———————— ☺

Sa — meine liebsten gute-Laune-Songs

♫

So — am glücklichsten gemacht hat mich diese Woche:

Niemand weiß,
was er
KANN,
wenn er es nicht
VERSUCHT.

(PUBLILIUS SYRUS)

Monat 5:
Selbstwirksamkeitsüberzeugung

Selbstwirksamkeitsüberzeugung ist, einfach ausgesdrückt, das Vertrauen in dich und deine eigenen Fähigkeiten: du bist überzeugt, dass du selbst etwas be-wirken kannst, und nicht einfach nur den Launen des Schicksals ausgesetzt bist. Es ist der Glaube an deine eigenen Stärken.

Nun kann man Glauben nicht einfach herbeizaubern, denn der Glaube sitzt in unserem Unterbewusstsein. Was aber hilft ist, dich immer wieder an das zu erinnern, was du gut gemacht hast. Irgendwann wird dein Unterbewusstsein dir das dann auch „glauben" und die Selbstzweifel rausschmeißen. Aber es ist ein Prozess, der nicht von jetzt auf gleich geht – aber du hast ja jetzt erst einmal vier Wochen Zeit zum Üben ☺

In **Woche 1** bleibst du morgens bei der Meditation deiner Wahl und deinen vier Zielen. Abends reflektierst du bitte, was du am heutigen Tag gut gemacht hast. Am Samstag schaust du auf die vergangene Woche zurück und überlegst, worauf du richtig stolz bist.

In der **zweiten Woche** sprichst du bitte mit anderen und bittest sie um Feedback zu deiner Person und deinen Stärken. Abends vervollständigst du dann die Sätze: „...schätzt an mir, dass..", „...sagt, dass ich..." usw. Am Wochenende überlegst du, was deiner Meinung nach deine drei größten Stärken sind und schreibst diese auf.

(P.S. du ahnst es vielleicht schon – in diesem Monat wird nicht nur dein Selbstbewusstsein einen Booster bekommen, sondern deine Laune auch. Stichwort Emotionssteuerung ☺).

In **Woche drei** gebe ich dir eine andere Technik an die Hand: die der Affirmationen. Affirmationen sind positive Selbstbekräftigungen, und dienen dazu, negative Gedanken oder Glaubenssätze über dich selbst in positive, hilfreiche umzuwandeln. Hierfür wählst du bitte etwas aus, was du nicht an dir magst, was du glaubst, schlecht zu können, und was du ändern möchtest. Mit welchem Satz beschimpfst du dich selbst, wenn es dir schlecht geht? Womit stehst du dir selbst im Weg? Diesen Satz drehst du dann bitte um und wandelst ihn in einen positiven Satz. Beispielsweise, „Ich bin unordentlich" in „Ich bin ordentlich"; „Ich bin langweilig" in „Ich bin eine interessante Gesprächspartnerin"; „Ich kann nicht mit Geld umgehen" in „Geld fließt kontinuierlich zu mir".

Wichtig dabei ist, dass die Sätze in der Gegenwartsform formuliert sind, und dass sie positiv formuliert sind (also nicht „ich bin nicht langweilig" – unser Gehirn versteht das Wort „nicht" nicht).

Diesen Satz schreibst du dir jeden Tag mehrfach auf, sagst ihn laut vor dir her, klebst ihn auf den Spiegel, nutzt ihn als Bildschirmschoner – was auch immer dir einfällt. Je öfter du diesen Satz in deinem bewussten Denken „hörst", desto eher dringt er ins Unterbewusstsein vor – bis er irgendwann zur Tatsache wird.

Die **vierte Woche** wird noch skurriler ;-). Hierbei geht es um Afformationen – mit „O". Auch diese sind ein sehr kraftvolles Instrument, um dein Denken in eine andere Richtung zu lenken. Im Gegensatz zu Affirmationen werden Afformationen in Frageform gestellt. Du stellst dir selbst eine positiv formulierte Frage in Warum-Form, zum Beispiel „Warum schaffe ich das jetzt?". Mit dieser Warum-Frage forderst du deinen Verstand zu einer positiven, lösungsorientierten Antwort auf. Denn: auf die Frage „Warum" findet das Gehirn eine „Weil"-Antwort.

Wenn du beispielsweise Schwierigkeiten hast, Dinge zu Ende zu bringen, könntest du dir die Frage stellen, „Warum bringe ich dieses Projekt erfolgreich zum Abschluss?", und sammelst dann die Antworten, die dir dein Gehirn liefert. „Weil es mir Spaß macht", „weil ich es kann", „weil ich ein gutes Durchhaltevermögen habe", „Weil ich mir Hilfe von XY hole" usw.

Ein anderes Beispiel: „warum bin ich so erfolgreich?" – „weil ich die Beste in meinem Bereich bin"; „weil ich eine gute Verkäuferin bin und die Kunden mir vertrauen" etc.

Probier es aus – ich wünsche dir viel Spaß dabei. Wir lesen uns in vier Wochen wieder ☺

jeden TAG eine ZEILE...

WOCHE 1

1 ...
2 ...
3 ...
4 ...
5 ...
6 ...
7 ...

WOCHE 2

1 ...
2 ...
3 ...
4 ...
5 ...
6 ...
7 ...

jeden TAG eine ZEILE...

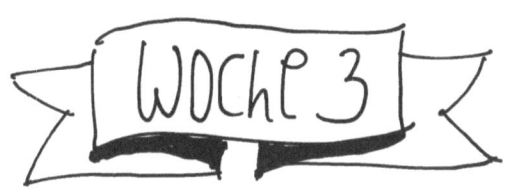

1 ...
2 ...
3 ...
4 ...
5 ...
6 ...
7 ...

1 ...
2 ...
3 ...
4 ...
5 ...
6 ...
7 ...

datum:

mo   meditation: (..min)   notizen / to dos

4x4 ziele:

das hab ich heute
gut gemacht:

o

o

o

o

di   meditation: (..min)   notizen / to dos

4x4 ziele:

das hab ich heute
gut gemacht:

o

o

o

o

mi   meditation: (...min)   notizen / to dos

4x4 ziele:

das hab ich heute
gut gemacht:

o

o

o

o

94

do meditation: (...min) | notizen / todos

4x4 ziele:
- ○
- ○
- ○
- ○

das hab ich heute gut gemacht:

---

fr meditation: (...min) | notizen / to dos

4x4 ziele:
- ○
- ○
- ○
- ○

das hab ich heute gut gemacht:

Sa darauf bin ich diese woche besonders stolz:

So nichtstun & genießen!!

95

datum:

---

mo

meditation: (..min)

notizen / todos

4x4 ziele:

o

o

o

o

.... schätzt
an mir, dass ...

---

di

meditation: (..min)

notizen / todos

4x4 ziele:

o

o

o

o

o

.. .. sagt,
dass ich ...

---

mi

meditation: (...min)

notizen / todos

4x4 ziele:

o

o

o

o

...... findet
gut an mir, dass...

96

do

meditation: (...min)

4x4 ziele:

o

o

o

o

.... lobt
mich für ....

notizen / todos

---

fr

meditation: (...min)

4x4 ziele:

o

o

o

o

.... verlässt
sich auf mich,
wenn ...

notizen / to dos

---

sa meine 3
größten Stärken:

o

o

o

so

Stolz auf
dich sein !

datum:

mo

meditation: (..min)

notizen / to dos

4x4 ziele:

○

○

○

○

meine affirmation:

---

di

meditation: (..min)

notizen / to dos

4x4 ziele:

○

○

○

○

meine affirmation:

---

mi

meditation: (...min)

notizen / to dos

4x4 ziele:

○

○

○

○

meine affirmation:

do

meditation: (...min)

4x4 ziele:

o

o

o

o

meine affirmation:

fr

meditation: (...min)

4x4 ziele:

o

o

o

o

meine affirmation:

notizen / to dos

sa

du bist einfach spitze! ♡

so

genieße den tag!!

datum:

---

mo meditation: (..min)   notizen / todos

4x4 ziele:

o

o   warum ....

o   ....

o   ....
                                    2
           ....

---

di meditation: (..min)   notizen / todos

4x4 ziele:

o

o   warum ....

o   ....

o   ....
                                    2
           ....

---

mi meditation: (...min)   notizen / todos

4x4 ziele:

o   warum ....

o

o   ....

o   2

100

do

meditation: (...min)

4x4 ziele:

o

o

o

o

warum ....

. . . . , ...

. . . . , . , ... ?

. . . . :

---

fr

meditation: (...min)

4x4 ziele:

o

o

o

o

warum ....

. . . .

. . . . ?

. . . .

Sa

warum verdienst
du nur das
beste?

So

warum darfst
du den Sonntag
genießen?

Sei

FREUNDLICH

zu dir –

besonders dann,

wenn andere

UNFREUNDLICH

zu dir sind.

(ROLF MERKLE)

Monat 6: Empathie mit dir selbst

Ich unterscheide bewusst zwischen „Empathie mit dir selbst" und „Empathie mit anderen". Meist wird der Fokus auf letzteren Punkt gelegt – zu lernen, dich in andere hineinzuversetzen. Das kommt auch noch (nämlich im Monat zehn), aber in diesem Monat geht es ganz um dich.

In diesem Monat geht es nämlich darum, dich um dich selbst zu kümmern. Denn: du bist deine wichtigste Ressource, und der wichtigste Mensch in deinem Leben! Egal, wie viele Kinder du zu versorgen hast, egal, wie abhängig deine Eltern von dir sind, und ganz egal, wie viele Mitarbeiter du zu versorgen hast – wenn es dir nicht gut geht, kannst du anderen auch nicht helfen.

Trotz dieses Faktes, der uns allen eigentlich klar sein dürfte, vergessen die meisten von uns das nur allzuoft, und treiben Raubbau mit ihrem eigenen Körper. Auch, weil sie Angst vor Sätzen haben wie, „du denkst ja nur an dich!". Aber meist aus einem Gefühl der Verantwortung heraus.

Diesen Monat habe ich mit einigen Challenges gespickt – jede Woche eine andere. Bevor ich dazu komme, erläutere ich zunächst einmal die anderen Punkte:

Es bleibt bei der morgendlichen Meditation und dem Aufschreiben deiner vier Ziele. Ich werde nicht müde zu betonen, dass Meditationen zu den wertvollsten Übungen gehören – und du tust dir selbst ungemein viel Gutes damit. Und da du deine Ziele ja erreichen möchtest, unterstützte ich dich, indem ich dir Platz zum Eintragen gelassen habe.

Am Ende eines jeden Tages darfst du zusätzlich die Frage beantworten, was du dir heute Gutes getan hast. Wenn dir nichts einfällt, sollte dir das zu denken geben – denn dann läuft etwas falsch ☺ Versuch's am nächsten Tag dann einfach noch einmal.

..und hier zu den Challenges. Diese betreffen deinen Körper – Gutes für den Geist tust du schon durch das Führen dieses Buchs.

In der **ersten Woche** fordere ich dich heraus, jeden Tag sechs große Gläser klares, stilles Wasser zu trinken. Um es dir leicht zu machen, das nachzuhalten, habe ich dir Gläser aufgemalt, die du abhaken (oder ausmalen) kannst.

Woche Zwei – hier geht es um deine Ernährung. Ich verfechte keine besondere Philosophie, und bin auch keine Ernährungsberaterin. Ob jemand vegan lebt, oder ein Fleischfresser ist, ist meiner Meinung nach die Entscheidung eines jeden Einzelnen. Darum geht es hier auch gar nicht. Fakt ist aber, dass Rohkost gesund ist. Und darum ist deine Challenge in dieser Woche, zu jeder Mahlzeit ein wenig rohes Obst oder Gemüse zu essen. Nicht mehr – aber auch nicht weniger. Illustriert habe ich das mit einer Möhre zum Abhaken oder Ausmalen.

In der **dritten Woche** geht es nun raus an die frische Luft (und ich drücke dir die Daumen, dass das Wetter mitspielt, das macht es leichter für dich). Deine Aufgabe: gehe jeden Tag einmal nach draußen, und schreib auf, wie viel Zeit du dort verbracht hast. Die meisten von uns bekommen durch unseren Arbeitsalltag zu wenig frische Luft (ich nehme mich selbst da nicht aus) – und nehmen uns auch nicht die Zeit dazu. Du schon; zumindest in dieser Woche ☺

..und wenn du viel draußen warst, schläfst du auch besser.. Die **vierte und letzte Woche** ist angebrochen. Dokumentiere bitte, wie viel Schlaf du pro Nacht bekommen hast. Ich gebe dir keine Vorgaben, wie lange du schlafen sollst, das ist individuell unterschiedlich. Beobachte einfach deinen Schlaf und deine Leistungsfähigkeit am nächsten Tag - und ziehe deine Schlüsse daraus.

Und los geht's – viel Spaß!

jeden TAG eine ZEILE...

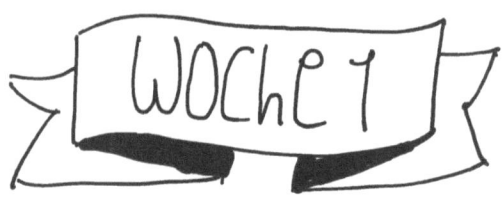

1 ...
2 ...
3 ...
4 ...
5 ...
6 ...
7 ...

1 ...
2 ...
3 ...
4 ...
5 ...
6 ...
7 ...

jeden TAG eine ZEILE...

1 ...
2 ...
3 ...
4 ...
5 ...
6 ...
7 ...

1 ...
2 ...
3 ...
4 ...
5 ...
6 ...
7 ...

datum:

mo   meditation: (..min)   notizen / todos

4x4 ziele:

o

o

o

o

was habe ich mir heute gutes getan?

☐ ☐ ☐ ☐ ☐ ☐

di   meditation: (..min)   notizen / todos

4x4 ziele:

o

o

o

o

was habe ich mir heute gutes getan?

☐ ☐ ☐ ☐ ☐

mi   meditation: (...min)   notizen / todos

4x4 ziele:

o

o

o

o

was habe ich mir heute gutes getan?

☐ ☐ ☐ ☐ ☐ ☐

do | meditation: (...min) | notizen / todos

4x4 ziele:

o

o

o

o

was habe ich mir heute gutes getan?

☐ ☐ ☐ ☐ ☐ ☐

---

fr | meditation: (...min) | notizen / to dos

4x4 ziele:

o

o

o

o

was habe ich mir heute gutes getan?

☐ ☐ ☐ ☐ ☐ ☐

---

sa mein heutiges Verwöhnprogramm:

so wer ist der wichtigste mensch in deinem leben?

datum:

mo   meditation: (..min)   notizen / to dos

4x4 ziele:

- o
- o
- o
- o

was habe ich mir heute gutes getan?

---

di   meditation: (..min)   notizen / to dos

4x4 ziele:

- o
- o
- o
- o

was habe ich mir heute gutes getan?

---

mi   meditation: (...min)   notizen / to dos

4x4 ziele:

- o
- o
- o
- o

was habe ich mir heute gutes getan?

110

> **do** meditation: (...min) | notizen / todos

4x4 ziele:

o
o
o
o

was habe ich mir heute gutes getan?

> **fr** meditation: (...min) | notizen / to dos

4x4 ziele:

o
o
o
o

was habe ich mir heute gutes getan?

> **sa** mein heutiges Verwöhnprogramm:

> **so** wer ist der wichtigste mensch in deinem leben?

datum:

mo

meditation: (..min)

4x4 ziele:

o

o

o

o

was habe ich mir heute gutes getan?

... min

di

meditation: (..min)

4x4 ziele:

o

o

o

o

was habe ich mir heute gutes getan?

... min

notizen / to dos

mi

meditation: (...min)

4x4 ziele:

o

o

o

o

was habe ich mir heute gutes getan?

... min

notizen / todos

[do]   meditation: (...min)   notizen / todos

4x4 ziele:
o | was habe ich mir
o | heute gutes getan?
o |
o | _____
                 | 〰️ ... min

[fr]   meditation: (...min)   notizen / to dos

4x4 ziele :
o | was habe ich mir
o | heute gutes getan?
o |
o | _____
                 | 〰️ ... min

[sa]   mein heutiges   [so]   wer ist
Verwöhnprogramm: der wichtigste

                                mensch in deinem
                                     leben ?

datum:

mo

meditation: (..min)

notizen / to dos

4x4 ziele:

- o
- o
- o
- o

was habe ich mir heute gutes getan?

zzz
... Std .. min

di

meditation: (..min)

notizen / to dos

4x4 ziele:

- o
- o
- o
- o

was habe ich mir heute gutes getan?

zzz
... Std ... min

mi

meditation: (...min)

notizen / to dos

4x4 ziele:

- o
- o
- o
- o

was habe ich mir heute gutes getan?

zzz
... Std... min

do | meditation: (...min) | notizen / todos

4x4 ziele:
○
○
○
○

was habe ich mir
heute gutes getan?

_____

Z²²²
... Std ... min

---

fr | meditation: (...min) | notizen / to dos

4x4 ziele:
○
○
○
○

was habe ich mir
heute gutes getan?

_____

Z²²²
... Std ...min

---

sa mein heutiges
Verwöhnprogramm:

so wer ist
der wichtigste
mensch in deinem
leben?

Du bist der

DURCHSCHNITT

der fünf Menschen,

mit denen du

die MEISTE ZEIT

Verbringst!

Monat 7: Empathie mit anderen / soziales Umfeld

In diesem Monat widmen wir uns nun tatsächlich anderen Menschen! Deine eigene Selbstliebe hast du ja bereits im sechsten Monat gestärkt – jetzt darfst du dich endlich um andere kümmern!

Warum ist Empathie, also die Fähigkeit, dich in andere hineinzuversetzen, zu verstehen, was in ihnen vorgeht, und mit zu fühlen, so wichtig für deinen persönlichen Erfolg?

Weil Empathie die Grundlage für jegliches menschliche Miteinander ist – und damit die Basis für Verhandlungsgeschick, Überzeugungskraft, sozialen Bindungen/Freundschaften, Liebesbeziehungen, Netzwerken, interkulturelle Kompetenz... Und egal, was du erreichen möchtest – du wirst es nicht ohne die Unterstützung von anderen schaffen.

Schau dir aber bitte auch dein Umfeld genau an, denn: du bist der Durchschnitt der fünf Menschen, mit denen du die meiste Zeit verbringst.

Was bedeutet das? Da wir soziale Wesen sind, sind wir bemüht, uns anzupassen, damit wir nicht aus dem Rudel ausgestoßen werden und außerhalb der Höhle schlafen müssen (und möglicherweise dem Säbelzahntiger zum Opfer fallen).

Für dich bedeutet das: wenn du beispielsweise ein höheres Ziel hast als dein Umfeld, also mehr Geld verdienen möchtest, in einem größeren Haus leben möchtest, wird es mit großer Wahrscheinlichkeit für dich schwer werden, dies auch zu erreichen.

Du musst dann nämlich Dinge anders machen als die anderen, und wahrscheinlich auch, als es du bisher getan hast – etwa mehr Fortbildungen besuchen, mehr Einsatz zeigen, auch mal am Wochenende arbeiten etc. Und das bedeutet, dich gegen dein Umfeld zu stellen und gegen alles, wofür es steht – und was denkst du, wie oft du Diskussionen gewinnen kannst, die mit „warum musst du denn soviel arbeiten, uns geht es doch gut!?" beginnen?

Irgendwann wird dein Elan nachlassen, denn es werden zwischendrin ohnehin Steine auf deinem Weg liegen – und wenn du dann kein unterstützendes Umfeld hast, dass dir Mut macht, dranzubleiben, wirst du schnell aufgeben.

Diesen Monat geht es also einerseits darum, offen(er) für deine Mitmenschen zu sein, was eine Voraussetzung ist, ihre Beweggründe zu verstehen. Andererseits geht es aber auch darum zu ergründen, welche Menschen gut für dich sind, und welche als Vorbilder dienen können.

Zusätzlich zu den gewohnten Meditationen und Zielen überlegst du bitte jeden Abend, wem du heute etwas Gutes getan hast – für andere etwas zu tun fühlt sich einerseits für dich gut an, und wird auch andererseits dazu führen, dass Menschen im Gegenzug etwas für dich tun. Vielleicht nicht sofort, und vielleicht nicht auch genau diese Menschen, aber Menschen. Und das ist die Grundlage eines jeden Netzwerks.

In der **ersten Woche** hast du außerdem eine kleine Challenge vor dir: ich fordere dich heraus, jeden Tag einen dir fremden Menschen anzulächeln. Du wirst die Menschen anders wahrnehmen, und langsam mehr Verständnis aufbringen können für diejenigen, die komplett anders ticken als du.

In **Woche zwei** geht es weiter: mache jeden Tag jemanden ein Geschenk. Es muss nichts Großes sein – sei kreativ.

In der **dritten Woche** wirst du versuchen, jemand anderen besser zu verstehen. Nimm dir eine Viertelstunde Zeit, und stell dir 44 Fragen über eine bestimmte Person und ihre Beweggründe – je weniger du diesen Menschen bisher verstanden hast, oder je mehr ihr aneinander geraten seit, desto effektiver. Ja, du hast richtig gelesen: 44 Fragen in fünfzehn Minuten (im Original von Martin Gaedt hast du sogar nur zehn Minuten Zeit, also beschwer dich bitte nicht!).

Die ersten Fragen werden dir leicht von der Hand gehen, dann wird es schwieriger werden. Ob die Fragen „gut" oder „dumm" sind, ist nicht wichtig – und ob du beim Fragestellen vom eigentlichen Thema abkommst, auch nicht. Vielleicht kommst du am Anfang nur auf 12, 22 oder 32 Fragen, das ist auch egal. Aber durch das Fragenstellen machst du dir Gedanken über die andere Person – und wirst sie vielleicht sogar ein Stück weit besser verstehen.

Woche vier beinhaltet eine Fleißaufgabe: stelle eine Liste aller Geburtstage derjenigen Menschen zusammen, die dir wichtig sind, die du magst, die deine Vorbilder sind... Finde einen Weg, diese so zu dokumentieren, dass du auch an die Geburtstage denkst und entsprechend Grüße versenden kannst.

Zusätzlich gibt es eine **Extraübung**:

Überlege, welche Menschen du bewunderst, wer deine Vorbilder sind. Schreibe die Namen auf. Überlege dann, wofür du sie bewunderst – sind es bestimmte Eigenschaften, Verhaltensweisen oder besondere Leistungen? Was kannst du von ihnen lernen? Welche Eigenschaften haben Menschen, die dort sind, wo du hinmöchtest?

Welche Eigenschaften oder Verhaltensweisen solltest du dir aneignen, um dein Ziel zu erreichen?

Wenn du dein Verhalten ändern möchtest, oder du bestimmte Charaktereigenschaften annehmen möchtest, kannst du hier wieder gut mit Affirmationen arbeiten. Ich habe dir in den einzelnen Wochen dafür ein wenig Platz gelassen.

Und nun – viel Spaß dabei!

jeden TAG eine ZEILE...

1 ...
2 ...
3 ...
4 ...
5 ...
6 ...
7 ...

1 ...
2 ...
3 ...
4 ...
5 ...
6 ...
7 ...

jeden TAG eine ZEILE...

WOChe 3

1 ...
2 ...
3 ...
4 ...
5 ...
6 ...
7 ...

WOChe 4

1 ...
2 ...
3 ...
4 ...
5 ...
6 ...
7 ...

datum:

---

mo   meditation: (..min) | notizen / todos

4x4 ziele:

○

○

○

○

> wem habe ich heute
> etwas GUTES getan?
>
> und was?
> _____
>
> ein☺ für:

---

di   meditation: (..min) | notizen / todos

4x4 ziele:

○

○

○

○

> wem habe ich heute
> etwas GUTES getan?
>
> und was?
>
> ein☺ für:

---

mi   meditation: (...min) | notizen / todos

4x4 ziele:

○

○

○

○

> wem habe ich heute
> etwas GUTES getan?
>
> und was?
>
> ein☺ für:

do meditation: (...min)

4x4 ziele:

o

o

o

o

wem habe ich heute
etwas GUTES getan?

Und was?

ein ☺ für:

---

fr meditation: (...min)

notizen / to dos

4x4 ziele:

o

o

o

o

wem habe ich heute
etwas GUTES getan?

Und was?

ein ☺ für:

Sa challenge:

So

bei einer Verabredung
NUR FRAGEN,
nichts erzählen !!

datum:

[mo]   meditation: (..min)   notizen / to dos

4x4 ziele:
- o
- o
- o
- o

wem habe ich heute etwas GUTES getan?

und was?

ein 🎁 für:

[di]   meditation: (..min)   notizen / to dos

4x4 ziele:
- o
- o
- o
- o

wem habe ich heute etwas GUTES getan?

und was?

ein 🎁 für:

[mi]   meditation: (...min)   notizen / to dos

4x4 ziele:
- o
- o
- o
- o

wem habe ich heute etwas GUTES getan?

und was?

ein 🎁 für:

do

meditation: (...min)

notizen / todos

4x4 ziele:

o

o

o

o

wem habe ich heute
etwas GUTES getan?

Und was?

ein 🎁 für:

fr

meditation: (...min)

notizen / to dos

4x4 ziele:

o

o

o

o

wem habe ich heute
etwas GUTES getan?

Und was?

ein 🎁 für:

Sa

Challenge:

12 Umarmungen

♡ ♡ ♡ ♡ ♡ ♡
♡ ♡ ♡ ♡ ♡ ♡

So

datum:

---

mo

4x4 ziele:

○

○

○

○

meditation: (..min)

| wem habe ich heute etwas GUTES getan? |
| Und was? |
| Umarmungen : ... |

notizen / todos

---

di

4x4 ziele:

○

○

○

○

meditation: (..min)

| wem habe ich heute etwas GUTES getan? |
| Und was? |
| Umarmungen : ... |

notizen / todos

---

mi

4x4 ziele:

○

○

○

○

meditation: (...min)

| wem habe ich heute etwas GUTES getan? |
| Und was? |
| Umarmungen : ... |

notizen / todos

do

meditation: (...min)

4x4 ziele:

o

o

o

o

wem habe ich heute etwas GUTES getan?
Und was?
umarmungen: ...

fr

meditation: (...min)

notizen / to dos

4x4 ziele:

o

o

o

o

wem habe ich heute etwas GUTES getan?
Und was?
Umarmungen ...

Sa

Challenge:

So

44 fragen

? ??

44 fragen

1.
2.
3.
4.
5.
6.
7.
8.
9.
10.
11.
12.
13.
14.
15.
16.
17.
18.
19.
20.
21.
22.

44 fragen

23.
24.
25.
26.
27.
28.
29.
30.
31.
32.
33.
34.
35.
36.
37.
38.
39.
40.
41.
42.
43.
44.

datum:

mo

meditation: (..min)

4x4 ziele:

○
○
○
○

wem habe ich heute
etwas GUTES getan?

und was?

☎ :

---

di

meditation: (..min)

4x4 ziele:

○
○
○
○

wem habe ich heute
etwas GUTES getan?

und was?

☎ :

notizen / todos

---

mi

meditation: (...min)

4x4 ziele:

○
○
○
○

wem habe ich heute
etwas GUTES getan?

und was?

☎ :

notizen / todos

do

meditation: (...min)

4x4 ziele:

o

o

o

o

wem habe ich heute
etwas GUTES getan?

Und was?

☎ :

notizen / todos

fr

meditation: (...min)

4x4 ziele:

o

o

o

o

wem habe ich heute
etwas GUTES getan?

Und was?

☎ :

notizen / to dos

Sa

Challenge:

So

geburtstagsliste

134

geburtstage

meine Vorbilder

136

Ich habe so
viel aus meinen
Fehlern gelernt!

Ich denke darüber nach
NOCH MEHR zu machen.

Monat 8: Kausalanalyse

Zur Erinnerung: unter Kausalanalyse verstehen wir die Fähigkeit zu ergründen, warum etwas schief gegangen ist, und was unser eigener Anteil daran war. Anders ausgedrückt: wie gut kannst du den Dingen auf den Grund gehen? Wie selbstreflektiert bist du?

Diese Fähigkeit ist allein recht schwer zu trainieren – wenn du einen blinden Fleck hast, wirst du ihn kaum selbst finden, es sei denn, jemand unterstützt dich dabei.

Da ich aber davon ausgehe, dass du über ein Grundmaß an Selbstreflexion verfügst (sonst hättest du dir wohl kaum dieses Buch zugelegt, um an dir selbst zu arbeiten), wirst du diesen Monat auch alleine bearbeiten können. Wenn du jemanden hast, mit dem du dich austauschen kannst – umso besser. Vielleicht fällt dir jemand ein, der Lust hätte mitzumachen? Dann wäre jetzt ein guter Zeitpunkt, dieser Person dieses Buch zu schenken ☺

Die kommenden Wochen sind alle gleich aufgebaut: wieder hast du deine vier Ziele sowie deine Meditation (die im Übrigen sehr dabei hilft, Klarheit zu erlangen – also Kausalanalyse zu betreiben). Zusätzlich überlegst du jeden Abend, was an diesem Tag gut war (+), und was schlecht gelaufen ist (-), und schreibst das auf. Denk darüber nach, welche guten Dinge zu gerne öfter hättest, und wie du in Zukunft die schlechten Erlebnisse vermeiden kannst. Mach keine Doktorarbeit daraus – zehn Minuten reichen am Anfang, und auch hier macht die Übung den Meister.

Am Ende der Woche überlegst du dann zusätzlich, was in dieser Woche dein „biggest fail", dein größtes Versagen war, und was du daraus gelernt hast. Schreib es bitte auf.

Zusätzlich gibt es noch eine Wiederholung: die 44 Fragen. Stelle dir diesmal die Fragen zu einem Thema deiner Wahl – irgendetwas, was dich derzeit beschäftigt.

Mit dieser Übung lernst du wieder, Fragen zu stellen – das haben wir nämlich leider allzuoft vergessen, weil wir ganz schnell in Lösungen denken. Durch Fragen stellen übst du dich aber ungemein darin, den Dingen auf den Grund zu gehen (also: in Kausalanalyse). Ein weiterer Effekt: in den Fragen verbirgt sich ganz häufig auch eine Lösung für das Thema oder dein Problem. Eine sehr wertvolle Übung, die es sich lohnt, häufiger zu machen!

Jetzt aber ganz viel Spaß mit Monat acht!

jeden TAG eine ZEILE...

1 ...
2 ...
3 ...
4 ...
5 ...
6 ...
7 ...

1 ...
2 ...
3 ...
4 ...
5 ...
6 ...
7 ...

jeden TAG eine ZEILE...

WOCHE 3

1 ...
2 ...
3 ...
4 ...
5 ...
6 ...
7 ...

WOCHE 4

1 ...
2 ...
3 ...
4 ...
5 ...
6 ...
7 ...

datum:

mo

meditation: (..min)

notizen / to dos

4x4 ziele:

o

o

o

o

+

−

---

di

meditation: (..min)

notizen / to dos

4x4 ziele:

o

o

o

o

o

+

−

---

mi

meditation: (...min)

notizen / todos

4x 4 ziele:

o

o

o

o

+

−

⊰ do ⊱ meditation: (...min) | notizen / todos

4x4 ziele:

o

o

o

o

+

−

⊰ fr ⊱ meditation: (...min) | notizen / to dos

4x4 ziele :

o

o

o

o

+

−

⊰ Sa ⊱ mein größtes versagen diese Woche – und was habe ich daraus gelernt?

⊰ So ⊱

datum:

mo   meditation: (..min)   notizen / to dos

4x4 ziele:

- o
- o
- o
- o

+

−

di   meditation: (..min)   notizen / to dos

4x4 ziele:

- o
- o
- o
- o
- o

+

−

mi   meditation: (...min)   notizen / todos

4x4 ziele:

- o
- o
- o
- o

+

−

144

do   meditation: (...min) | notizen / todos

4x4 ziele:

+

o

o

−

o

o

fr   meditation: (...min) | notizen / to dos

4x4 ziele:

+

o

o

−

o

o

Sa   mein größtes versagen diese Woche – und was habe ich daraus gelernt?

So

datum:

mo

meditation: (..min)

notizen / todos

4x4 ziele:
o
o
o
o

+

−

di

meditation: (..min)

notizen / todos

4x4 ziele:
o
o
o
o

+

−

mi

meditation: (...min)

notizen / todos

4x4 ziele:
o
o
o
o

+

−

146

do meditation: (...min) notizen / todos

4x4 ziele:

o

o

o

o

+

−

fr meditation: (...min) notizen / to dos

4x4 ziele:

o

o

o

o

+

−

sa mein größtes versagen diese Woche – und was habe ich daraus gelernt?

so

datum:

mo

meditation: (..min)

notizen / todos

4x4 ziele:

o

o

o

o

---

di

meditation: (..min)

notizen / todos

4x4 ziele:

+

–

o

o

o

o

o

---

mi

meditation: (...min)

notizen / todos

4x4 ziele:

+

–

o

o

o

o

do meditation: (...min) notizen / todos

4x4 ziele:

o

o

o

o

+

–

fr meditation: (...min) notizen / to dos

4x4 ziele:

o

o

o

o

+

–

Sa mein größtes versagen diese Woche – und was habe ich daraus gelernt?

So

149

44 fragen

1.
2.
3.
4.
5.
6.
7.
8.
9.
10.
11.
12.
13.
14.
15.
16.
17.
18.
19.
20.
21.
22.

44 fragen

23.
24.
25.
26.
27.
28.
29.
30.
31.
32.
33.
34.
35.
36.
37.
38.
39.
40.
41.
42.
43.
44.

Die Kunst eines

ERFÜLLTEN LEBENS

ist die Kunst des Lassens:

ZULASSEN,

WEGLASSEN,

LOSLASSEN.

(ERNST FERSTL)

Monat 9: Akzeptanz

Akzeptanz ist die Fähigkeit, nicht mit den Dingen zu hadern, die wir ohnehin nicht ändern können. Denn das kostet auch außerordentlich viel Kraft, und bringt uns meist nicht weiter. Manchmal ist es aber schwer zu unterscheiden, ob wir eigentlich etwas an der Situation ändern könnten, wenn wir nur die richtigen Fragen stellen würden, oder ob sie tatsächlich unabänderlich ist.

Akzeptanz habe ich im Test nicht explizit abgefragt, weil diese meiner Meinung nach eine Mischung aus den Fähigkeiten Kausalanalyse, Selbstwirksamkeitsüberzeugung und Optimismus ist. Dennoch bearbeiten wir diese noch einmal separat, weil sie nicht von alleine kommt, sondern nur wenn die betreffenden Fäden stark sind.

Was in diesen vier Wochen bleibt, sind die Ziele und deine Meditation. Zusätzlich stelle ich dir jede Woche Reflexionsfragen. Mit ihnen kannst du Situationen analysieren, über die du dich ärgerst, die nicht so laufen, wie du es dir vorstellst, oder die für dich unangenehm sind. Die Antworten auf diese Fragen sollen dir verstehen helfen, ob du an der Situation etwas ändern kannst, oder ob sie nun einmal einfach so ist, wie sie ist. Es gibt den schönen Spruch, „Love it, change it, or leave it" – lerne es zu lieben, ändere es, oder verlass die Situation.

Der Gelassenheitsspruch, der vermutlich auf den US-amerikanischen Theologen Reinhold Niebuhr zurückgeht, und den ich dir auf der nächsten Seite abgedruckt habe, besagt im Kern nichts anderes. Denn das ist Akzeptanz: ändern, was wir ändern können. Und akzeptieren, wenn etwas tatsächlich unabänderlich sein sollte, anstatt uns unnötig darüber aufzuregen.

Der vollständige Gelassenheitsspruch

Gott gebe mir

die GELASSENHEIT, Dinge hinzunehmen, die ich nicht ändern kann,

den MUT, Dinge zu ändern, die ich ändern kann,

und die WEISHEIT, das eine vom andern zu unterscheiden.

Gott gebe mir

die GEDULD mit Veränderungen, die Zeit brauchen,

und WERTSCHÄTZUNG für alles, was ich habe,

TOLERANZ gegenüber jenen, mit anderen Schwierigkeiten,

und die KRAFT, aufzustehen und es wieder zu versuchen

– Nur für heute. Gute 24 Stunden.

jeden TAG eine ZEILE...

WOCHE 1

1 ...
2 ...
3 ...
4 ...
5 ...
6 ...
7 ...

WOCHE 2

1 ...
2 ...
3 ...
4 ...
5 ...
6 ...
7 ...

jeden TAG eine ZEILE...

1 ...
2 ...
3 ...
4 ...
5 ...
6 ...
7 ...

1 ...
2 ...
3 ...
4 ...
5 ...
6 ...
7 ...

datum:

---

mo

meditation: (..min)

notizen / todos

4x4 ziele:

o

o

o

o

kann ich etwas ändern?

---

di

meditation: (..min)

notizen / todos

4x4 ziele:

o

o

o

o

will ich etwas ändern?

---

mi

meditation: (...min)

notizen / todos

4x4 ziele:

o

o

o

o

welchen vorteil hat die situation?

do

meditation: (...min) | notizen / todos

4x4 ziele:

o

o

o

o

ist es wirklich

wichtig ?

fr

meditation: (...min) | notizen / to dos

4x4 ziele:

o

o

o

o

was habe ich

davon, mich

aufzuregen ?

sa

so

datum:

---

mo   meditation: (..min)   notizen / todos

4x4 ziele:

○

○

○

○

> ist es
> wirklich
> wichtig?

---

di   meditation: (..min)   notizen / todos

4x4 ziele:

○

○

○

○

> ist es
> den ärger
> wert?

---

mi   meditation: (...min)   notizen / todos

4x4 ziele:

○

○

○

○

> betrifft mich
> das persönlich?

do

meditation: (...min)

4x4 ziele:

o

o

o

o

> warum ärgere
> ich mich
> so darüber?

---

fr

meditation: (...min)

4x4 ziele:

o

o

o

o

> was kann
> ich gegen die
> situation tun?

---

sa

so

datum:

---

mo | meditation: (..min) | notizen / to dos

4x4 ziele:
- o
- o
- o
- o

> was ist die
> positive seite
> der Situation?

---

di | meditation: (..min) | notizen / to dos

4x4 ziele:
- o
- o
- o
- o

> kann ich das
> für mich
> nutzen?

---

mi | meditation: (...min) | notizen / todos

4x4 ziele:
- o
- o
- o
- o

> Wenn ich diese
> Situation
> überstanden habe..

162

do

meditation: (...min)

4x4 ziele:

o

o

o

o

> kahn man
>
> die situation
>
> auch anders sehen?

fr

meditation: (...min)

4x4 ziele :

o

o

o

o

notizen / to dos

> ist das meine
>
> nerven wirklich
>
> wert ?

Sa

So

datum:

>[mo]< meditation: (..min) | notizen / todos

4x4 ziele:

o

o

o

o

> was kann
> ich tun, um
> das zu ändern?

>[di]< meditation: (..min) | notizen / todos

4x4 ziele:

o

o

o

o

> ist es mir
> wichtig genug,
> dafür zu kämpfen?

>[mi]< meditation: (...min) | notizen/todos

4x4 ziele:

o

o

o

o

> was ist die
> kehrseite der
> medaille?

164

do meditation: (...min) | notizen / todos

4x4 ziele:

o

o

o

o

> Wer kann mir helfen, das zu ändern?

---

fr meditation: (...min) | notizen / to dos

4x4 ziele:

o

o

o

o

> Was ist der Preis, dieses Problem zu lösen?

---

sa

so

Das Ende – und ein neuer Anfang

Du hast es geschafft – herzlichen Glückwunsch! Meinen allergrößten Respekt, dass du die vollen neun Monate drangeblieben bist. Du kannst sehr stolz auf dich sein, denn du hast jetzt wirklich etwas für dich und deine Resilienz getan – und damit auch für deine Zukunft. Du hast dir buchstäblich ein neues Leben erarbeitet!

Die Techniken, die du hier kennengelernt hast, und die Routinen, die du dir aufgebaut hast, werden dir auch langfristig helfen, entspannter und gelassener zu sein, dich besser zu regulieren, und mehr Einfluss auf dein Leben und deine Zukunft auszuüben. Unvorhergesehene Ereignisse werden dich nicht mehr so schnell aus den Schuhen heben, und du wirst wieder Herr oder Herrin in deinem eigenen (Lebens-) Haus sein.

Ich freue mich sehr von dir zu hören, wie es dir ergangen ist. Welche Übungen haben dir besonders gefallen? Was hast du vermisst? Was hat sich verändert? Wie geht es dir jetzt? Verbinde dich gerne mit mir über

Facebook   www.facebook.com/KatjaMichalekExpertinfuerResilienz
XING   www.xing.com/profile/Katja_Michalek
LinkedIn   www.linkedin.com/in/katjamichalek/
Instagram www.instagram.com/frau_michalek

...oder tritt meiner kostenlosen Facebookgruppe bei
www.facebook.com/groups/stress.weg

Ich freue mich auf dich und dein Feedback!

Dir ist es schwer gefallen dranzubleiben? Du merkst aber immer mehr, dass der Alltag dich zusehends mitnimmt? Du hast das Gefühl, dass dir langsam alles entgleist? Du kannst auch an deinen freien Tagen nicht richtig entspannen? Du bist immer häufiger ungerecht gegenüber deinen Kindern und deinem Partner?

Dann lade ich dich herzlich zum meinem Online-Gruppen-Coaching-Programm ein! Nähere Infos findest du hier:

www.katjamichalek.de/lebe-erfuellt-und-gelassen

Und jetzt wünsche ich dir alles erdenklich Gute – und fröhliches Weiterspinnen! ☺

Danksagungen

Ein ganz besonderer Dank geht an Kristiane, meine liebste Cross-Coaching-Freundin, die mich mit ihrem Weihnachtsgeschenk zu diesem Buch inspiriert hat! Viele Ideen in diesem Buch sind auf sie zurückzuführen.

Meinem Mann und besten Freund Marcus danke ich von Herzen – nicht nur für seine Unterstützung auf diesem verrückten Ritt, den ich Leben nenne. Sondern auch – ganz praktisch – für das tolle elektronische Spielzeug, dass mir erst ermöglicht hat, dieses Buch per Hand zu gestalten. Ich liebe dich!

Ich danke meinem Coach Ernst, durch den ich den Mut bekommen habe, meiner eigenen Geschwindigkeit zu vertrauen, und der mich wieder ans Genießen gebracht hat. Und meiner Mentorin und Freundin Kirsten, die mir gezeigt hat, dass Erfolg auch leicht sein darf, und damit einen dicken Glaubenssatz zertrümmert hat.

Danke an meine Mastermind-Freundinnen Eva, Michi, Nana und Elke – jeder einzelne Call mit euch macht Spaß und bringt mich weiter!

Vielen Dank auch an die virtuellen Freunde und Unterstützer, die mich in den sozialen Medien begleiten und mir durch ihre Kommentare Energie geben weiterzumachen, auch wenn es gerade mal nicht so leicht ist. Einige von ihnen durfte ich schon im wahren Leben kennenlernen, was sehr bereichernd war.

Und ich danke meinen beiden tollen, schlauen kleinen Jungs, für die ich das alles tue, und die so tapfer auf mich verzichten, wenn ich mal wieder unterwegs bin, sowie meinen Eltern und meiner Schwiegermutter, die ebenso selbstverständlich wie liebevoll einspringen, wenn es nötig ist.

...und nicht zuletzt danke ich all denen, die schon mein erstes Buch „Nichts ist zu schwer für den, der spinnt" gelesen haben, und deren tolles Feedback mich ermutigt hat, mich auf die Abenteuerreise eines zweiten Buchs zu begeben! Ich freue mich auf viele weitere Abenteuer ;-)

meine notizen

meine notizen